KosmosGartenbibliothek

Dirk Mann

Kräutergarten

Hornmehl 50g □m²

KOSMOS

Inhalt

Vorwort

Kräuter erleben in den letzten Jahren eine Renaissance und sind aus keinem Garten mehr wegzudenken. Die Anspruchslosigkeit der meisten Pflanzen machen sie sowohl für Gartenbesitzer als auch für Stadtgärtner interessant. Mit etwas Pflege lassen sie sich auch auf geringstem Raum anbauen, wodurch sie sogar auf dem Balkon ihren Platz finden können.
Die Fülle der Verwendungsmöglichkeiten findet man bei anderen Pflanzen kaum wieder. Im Gegensatz zu den meisten Zierpflanzen lassen sich Kräuter in der Küche verwenden. Sie sind zwar keine direkten Nahrungspflanzen, geben aber mit ihrem Aroma jedem Gericht den letzten Schliff. Für Köche der exklusiven Küche sind Kräuter unverzichtbar geworden. Gleichzeitig bekommt man die gesunde Wirkung dieser Pflanzen zu spüren, da die Speisen bekömmlicher werden. In Verbindung mit Gemüse und Obst sind Kräuter nicht nur sehr schmackhaft, sondern beugen auch Krankheiten vor und stärken das Immunsystem.
Die heilenden Eigenschaften von Kräutern werden in einer Vielzahl von Naturheilverfahren genutzt. Angefangen von der Heilung kleinerer Beschwerden bis hin zur Unterstützung bei der Behandlung schwerer Krankheiten lassen sich die Heilpflanzen verwenden. Zwar können sie nicht immer herkömmliche Arzneimittel ersetzten, jedoch als natürliche Hausapotheke kleinere Leiden, von Erkältungen bis zu Verdauungsstörungen, lindern oder den Heilungsprozess beschleunigen. Als Ausgleich zum Alltag wirken die unterschiedlichen Düfte auf das zumeist strapazierte Nervensystem ein. Sie beleben zum einen die Psyche und zum anderen machen sie auch die Gartenarbeit zum Erlebnis. Wer anfängt, Kräuter anzubauen, wird relativ schnell in deren Bann gezogen. Kaum eine andere Pflanzengruppe hat eine solch lange Geschichte, wie die Kräuter. Durch die lange Tradition hat sich eine regelrechte Mythologie entwickelt, die einen immer größer werdenden Kreis von Freunden besitzt. Am meisten begeistert jedoch das Arbeiten mit diesen Pflanzen. Was kann schöner sein, als eine eigens kreierte Tee- oder Würzmischung aus dem eigenen Kräutergarten zu genießen?
Die zunehmende Beliebtheit hat das Sortiment enorm vergrößert, so dass heute eine nahezu unüberschaubare Vielfalt an Aroma- und Duftpflanzen im Fachhandel vorzufinden ist, die für jeden Geschmack und Verwendung das passende Kraut beinhaltet.

Kräuterparadiese

Die Geschichte der Kräuter

Bereits seit Jahrtausenden beschäftigen sich die Menschen mit Kräutern. Amerikanische Archäologen haben herausgefunden, dass Gewürzkräuter schon in der Altsteinzeit, vor etwa 50 000 Jahren, Speisen verfeinert haben. In den darauf folgenden Jahrtausenden entwickelten sich unter dem Einfluss der verschiedenen Kulturen eigenständige Kräutertraditionen.

***Mittelalterliche Kräutergärten** wurden streng symmetrisch angelegt.*

▸ Die Kräuterkunde in der Antike

3 000 v. Chr. wurden im Vorderen Orient, in Indien und China die ersten Gewürzkräuter angebaut und ein reger Handel betrieben. Die Babylonier verzeichneten damals schon über 1 400 Kräuter in einer Arzneimittelliste. 500 bis 1 000 Jahre später begründeten in Ägypten die ersten Ärzte mit dem Wissen über 900 Kräuter ihre Heilkunde. Dieses Wissen der vergangenen Kulturen machten sich Heiler im alten Griechenland zunutze und so wurde von Hippokrates (460–377 v. Chr.) eine Diagnose- und Behandlungslehre in die abendländische Medizin eingeführt, nach der die gesunde Ernährung und die Verwendung von Kräutern die Selbstheilungskräfte der Menschen anrege. Dabei beschrieb er mit seinen Schülern das damalige medizinische Gesamtwissen, indem für jedes Leiden Heilpflanzen mit der entsprechenden Anwendung empfohlen wurden.

Die handelstüchtigen Römer unternahmen in großen Flotten Reisen nach Persien und Indien, um die wertvollen Güter ins alte Rom einzuführen. Der Wert der Kräuter war so immens, dass sie zu dieser Zeit mit Gold aufgewogen wurden und man um sie unzählige Kriege führte. Den Feldzügen der Römer ist es zu verdanken, dass die Kräuterkunde nördlich der Alpen eingeführt und von unseren Vorfahren übernommen wurde.

▸ Die Kräuter im Mittelalter

Mit der Einführung des Christentums in Mitteleuropa wurde die Heilkunde durch die Kirche behindert. Die Kräuter, insbesondere die einheimischen, verloren ihre ursprünglichen Namen und wurden ins Lateinische übersetzt. Die erste Kunde vom deutschen Gartenbau, wurde durch den Reichenauer Mönch Walahfrid Stabo in den Jahren 830 bis 840 durch das Lehrgedicht „Hortulus" geschaffen, in dem 24 Kräuter, Küchen- und Zierpflanzen in 444 Versen beschrieben wurden. Durch die Kreuzzüge ins Morgenland gelangten immer wieder neue Kräuter nach Mitteleuropa. Aufgrund der

Historischer Kräutergarten

hohen Preise war es zur damaligen Zeit jedoch nur den Wohlhabenden möglich, Kräuter zu erwerben. Kaufleute aus ganz Europa wurden durch enorme Gewinnspannen, die teils das Hundertfache ausmachten, sehr reich.
Obwohl zur damaligen Zeit Krankheiten als Gottesstrafe empfunden wurden und die Kräuterheilkunde sowie die Verwendung von Gewürz-, Heil- und Zauberkräutern verboten war, konnte sie dennoch von wenigen Kräuterweibern sowie den Gelehrten und Mönchen der Klöster fortgeführt werden.
Im 13. Jahrhundert wurden durch Friedrich II., den Hohenstaufen-Kaiser, die Medizin und die Pharmazie voneinander getrennt und eigenständigen Berufsgruppen zugeordnet. Diese Loslösung voneinander hatte zur Folge, dass sie andere Pflichten und Rechte bekamen. Apotheker bekamen pharmazeutische Anordnungen zur Arzneiherstellung, die nach den Anweisungen von Ärzten anzufertigen waren. Dieser Umstand förderte die Entwicklung der Apothekergärten, die zum Teil noch heute anzutreffen sind.
Mit der Einführung des Buchdrucks im 15. Jahrhundert lebte lang Vergessenes oder Verbotenes wieder auf und es entstand eine Art Forschungsdrang. Davon profitierte eine Vielzahl von Kräuterschriften. Trotz der damaligen Aufbruchstimmung kam es in dieser Zeit zu einer grausamen Hexenverfolgung, in der Naturheiler als Ketzer und die Kräuterheilkunde als Aberglaube und Quacksalberei bezeichnet wurden.
Dieser Epoche folgte im 16. Jahrhundert die Hausväterzeit, in der die Kräuter Einzug in die Bauern- und Bürgergärten hielten. Gekennzeichnet waren diese Gärten häufig durch eine kreuzförmige Wegeanordnung, die den Garten vor dunklen Mächten schützen sollte.

Auf orientalischen Märkten *werden seit vielen Jahrhunderten Kräuter angeboten.*

Rosmarin *in seiner mediterranen Heimat*

▸ Das Vergessen und die Wiederentdeckung der Kräuter

Ab dem 19. Jahrhundert wurde es möglich, Pflanzenwirkstoffe künstlich herzustellen und die Heilkraft der Kräuter rückte immer mehr in den Hintergrund. Mitte des letzten Jahrhunderts hatte die Kräuterheilkunde ihren Tiefpunkt erreicht und geriet fast in völlige Vergessenheit. Mit dem wachsenden Gesundheitsbewusstsein der letzten Jahre erinnerte man sich wieder der gesunden und heilenden Wirkung der Kräuter. Mittlerweile erfreuen sie sich großer Beliebtheit und steigender Popularität.

Mythologie und Zauber von Kräutergärten

Seit dem Mittelalter umgibt den Kräutergarten ein gewisser Mythos, der durch das geheime Wissen der Mönche und Nonnen entstand. Nahezu jedes Kloster besaß einen Gewürz- und Heilpflanzengarten, der neben der Ernährung auch zu Forschungszwecken diente. Zur gleichen Zeit sorgten Hexen für Aufsehen, die sich intensiv mit Kräutern beschäftigten. Sie waren im Grunde nur Kräuterweiber, die zumeist abseits der Dörfer lebten. Ihr Interesse ist mit dem der geistlichen Gelehrten zu vergleichen, da sie Kräuter erforschen und nutzen wollten. Durch die Fähigkeiten Menschen und Tiere heilen zu können, wurden ihnen Zauberkräfte nachgesagt, die von der Kirche nicht geduldet wurden und zur grausamen Hexenverfolgung führten. Bestimmte Rezepturen von Getränken oder Salben sind dadurch heute überhaupt nicht mehr bekannt. Mit Leidenschaft beschäftigen sich viele Kräuterkundler mit den Mythen und Sagen der Zauberpflanzen und suchen nach den verschollenen Rezepturen. Dabei wird erzählt, bestimmte Kräuter hätten übersinnliche Wahrnehmungen oder übernatürliche Kräfte hervorgebracht. Bekannt ist, dass eine Vielzahl von Zauberpflanzen der Sinnesberauschung dienten. Durch Überlieferungen weiß man, dass neben Heilkräutern auch häufig Giftpflanzen von Hexen verwendet wurden, die diese Rauschzustände hervorriefen. Hinweise auf das geheime Wirken im Mittelalter findet man heutzutage fast ausschließlich noch in Klostergärten.

Heilpflanzengärten *sind an Klöstern wie zum Beispiel bei St. Marienstern in Panschwitz-Kuckau zu finden.*

Der Kräutergarten in der heutigen Zeit

Obwohl es heute nicht mehr unbedingt notwendig ist, seine Nahrungsmittel im eigenen Garten anzubauen, kann diese Gartenform ein Teil moderner Lebensqualität sein. In den letzten Jahren entstand ein regelrechter Kräutertrend im Privatgarten. Zwar steht dabei vorrangig die Verwendung in der Küche im Vordergrund, doch bereits nach kurzer Zeit stellen die Gartenbesitzer auch andere Wirkungen der Pflanzen fest. Vielfach werden Kräuter mit anderen Gartenformen kombiniert, sodass sie Bauern-, Gemüse- und sogar Steingärten bereichern können.
Besonders in Gemüsegärten können sie sehr gute Dienste leisten. Sie vertreiben in Mischkulturen auf natürliche Weise schädigende Insekten und Ungeziefer. Zudem beeinflussen sie unmittelbar das Wachstum der Nachbarpflanzen und können durch Bodenbedeckung vor keimenden Unkräutern schützen. Durch die passende Mischkultur erhält man nicht nur höhere Gemüseerträge, sondern fördert auch die Entwicklung der Kräuter.
Kräuter ziehen Nützlinge und Insekten an. Im Sommer wird der Garten von Bienen, Hummeln und Schmetterlingen besucht, was natürlich für unsere Kleinsten ein

Themenbeete *unterteilen die Kräuter in ihre Wirkungsbereiche.*

Kräuter und Gemüse *als Mischkultur im dekorativen Bauerngarten. Den Mittelpunkt des Gartens bildet ein Rankgerüst für Kletterpflanzen.*

ganz besonderes Erlebnis ist. Neben der optischen Freude von Farben und Formen der Pflanzen, ist es überaus interessant, sich den Düften, dem Geschmack von essbaren Gewürzkräutern und dem Berühren von Blättern und Blüten zu widmen. Diese Sinnesanregungen sind mittlerweile Bestandteil vieler Heilkuren, besonders für blinde und behinderte Menschen. Man könnte den Besuch eines Kräutergartens als eine Art Aromatherapie betrachten, denn die Düfte von Blättern und Blüten sowie deren Farb- und Schattenspiel wirken vor allem bei Stress. Besonders intensiv werden die Gerüche, sobald sich Tau auf den Blättern bildet oder kurz nach Regen. Die entspannenden Wirkungen machen sich sogar einige Kindergärten, Krankenhäuser, Pflegeheime und Schulen zunutze, indem sie einen Kräutergarten an ihre Einrichtung koppeln. Besonders in der heutigen hektischen und schnelllebigen Zeit, beeinflusst durch den beruflichen Stress, findet man in Kräutergärten einen Ausgleich, kann sein mentales Befinden stärken und vom Alltag abschalten.

Kräutergärten wirken entspannend *und steigern das Wohlbefinden, wie hier im Weinheimer Schlosspark.*

Kräuter im Garten

Extravagant: *ein besonderer Kräutertisch im Garten*

Jeder Garten bietet genügend Raum für Kräuter. Es muss auch nicht immer das gewöhnliche Kräuterbeet oder eine Kräuterspirale sein. Alte Haushaltsgegenstände können beispielsweise mit Erde gefüllt und anschließend mit Kräutern bepflanzt werden. Zu interessanten Accessoires geworden, schmücken sie den Garten und geben ihm ein einzigartiges Flair. Unterstützt werden sie zudem durch die Farbenvielfalt der Kräuter, sei es durch die gelben Blätter eines Goldgelben Oreganos oder durch die violette Blütenpracht des Lavendels im Sommer.
Auch zu praktischen Gestaltungszwecken können Kräuter verwendet werden. Bekanntestes Beispiel ist wahrscheinlich die Kräuterhecke, die mit ausgewählten Kräutern wie beispielsweise Ysop oder Lavendel geschaffen wird.

Der extravagante Kräutergarten

Im Alltag und besonders bei Baumaßnahmen fallen immer wieder Haushaltsgegenstände an, die nicht mehr benötigt werden und entsorgt werden müssten. Eimer, Schüsseln oder auch alte Badewannen sind robuste Gefäße, in die auch Kräuter gepflanzt werden können. Je größer das Gefäß, desto besser lässt es sich gestalten. Wannen können mit der richtigen Umkleidung und ausreichend Abzugslöchern am Boden zu kleinen Hochbeeten umgestaltet werden. Auf verzinktes Material muss man jedoch verzichten, da dieses Metall mit dem darin befindlichen Substrat reagiert und zu Pflanzenschäden führen kann.
Mit Hilfe von Kästen, Kübeln und Töpfen lassen sich andere Gerätschaften umfunktionieren. Werden an jede Sprosse einer alten Leiter Kübel befestigt und anschließend mit Erde gefüllt und bepflanzt, kann eine bislang kahle Wand interessant begrünt werden. Schwachpunkt dieser Gestaltungsform ist die richtige Bewässerung, die

Klassisch gestalteter Kräutergarten *mit Klinkersteinen und Wegekreuz*

besonders in den warmen Sommermonaten sehr mühselig sein kann. Beim Bau einer solchen Kräuterleiter ist außerdem zu beachten, dass die Kübel oder Töpfe ausreichend befestigt werden. Das Gewicht der Gefäße nimmt durch den Boden und das spätere Wässern immens zu. Eine andere Möglichkeit, auf engem Raum einen kleinen Kräutergarten zu gestalten, sind Kräutertische. Alte, aber noch stabile Tische können durch einen entsprechenden Unterbau so ausgerüstet werden, dass ein kleines Kräuterbeet entsteht. Mit Substrat befüllt, kann es dann bepflanzt werden. Handelt es sich beim Tischmaterial um Holz, sollte der Unterbau mit Folie ausgekleidet werden, um ihn vor dem Verrotten zu bewahren. Dabei sind genügend Öffnungen für den Wasserablauf zu schaffen. Wenn die Platzverhältnisse im Garten etwas größer sind und eine Wiese vorhanden ist, lassen sich Kräuterinseln anlegen. Mehrere kleinere Kräuterbeete werden auf der Wiese angeordnet. Sowohl ebene als auch hoch gelegte Beete eignen sich für diese Gestaltungsform. Für die Bepflanzung bieten sich Themenbeete an, wodurch die Kräuter mit verschiednen Verwendungsmöglichkeiten voneinander getrennt werden.

Bunte Kräuterecken *erfreuen das Auge jeden Hobbygärtners und können auf kleinstem Raum angelegt werden.*

Verschiedene Thymian-Sorten *als Bodendecker*

Duftrasen

Trockene sandige Stellen sind undenkbar für herkömmliche Kräutergärten. Interessante Möglichkeiten bieten Duftrasen aus Polster bildenden Duftpflanzen. Es gibt eine Vielzahl von Thymian-Sorten, die verschiedene Aromen besitzen und verschiedenfarbig blühen. Zusammengepflanzt bilden sie herrliche Duftrasen. Werden die Farbnuancen berücksichtigt, lassen sich sogar Farbmuster pflanzen. Gewöhnliche Schnittmaßnahmen wären bei dieser Kräutergartenform sehr aufwändig, sodass man ihn auch mit Hilfe des Rasenmähers schneiden kann. Hierbei sollte man jedoch die höchste Stufe wählen, um grobe Verletzungen an den Sprossen zu vermeiden.

TIPP

Geeignete Kräuter für Duftrasen sind Kriechendes Bohnerkraut (*Satureja repandra*), Bruchkraut (*Herniaria glabra*), Römische Hundskamille (*Chamaemelum nobile*), Katzenpfötchen (*Antennaria dioicus*), Teppich-Poleiminze (*Mentha pulegium* 'Nana'), Kompakter Oregano (*Origanum vulgare* 'Compactus'), Quendel (*Thymus pulegioides*) und Tripmadam (*Sedum reflexum*).

Wahl des Kräutergartens

Vor der Anlage eines Kräutergartens muss man mehrere Entscheidungen treffen. Dabei geht es vorrangig darum, für welche Gestaltung man sich entscheidet. Einschränkungen entstehen lediglich durch die vorherrschenden Platzverhältnisse. Dieses Problem besteht natürlich nicht bei bereits vorhandenen Beet- und Gartenanlagen. Die Größe der Beete und auch die Wegeführung sind hier vorgegeben und können nur unter Umständen verändert werden. Nicht jeder Ort eignet sich gleich als Pflanzenstandort. Boden-, Licht-, Platzverhältnisse unterscheiden sich von Garten zu Garten. Entsprechend muss die passende Pflanzenauswahl getroffen werden, damit sich die Kräuter später auch entwickeln können.

***Bei der Neuanlage** eines Kräutergartens lassen sich auch runde Beetformen realisieren.*

***Hat man wenig Platz im Garten,** eignen sich Kräuter in Topfkultur.*

Wenn man sich über die Standortverhältnisse informiert hat und sich für entsprechend geeignete Kräuter entschieden hat, folgt die Gestaltung, die sich an traditionellen Gartenformen oder an eigenen kreativen Schöpfungen orientiert.

▸ Der Kräutergarten als Neuanlage

Bei der Neuanlage eines Kräutergartens hat man den Vorteil, dass alles so gestaltet werden kann, wie man es geplant hat. Alle Einflüsse lassen sich von vornherein berücksichtigen, sodass es zu keinen Fehlplanungen kommt. Kräutergärten werden zumeist auf freien Flächen in der Nähe von Häusern angelegt. Um lange Laufwege zu ersparen, sollten besonders Küchenkräutergärten in der unmittelbaren Nähe des Hauses angelegt werden. Das Positive an Neuanlagen ist zudem, dass man völlig frei in der Beet- und Wegegestaltung ist. Sicher bieten sich aber bestimmte Gestaltungsformen durch die natürlichen Gegebenheiten an. An Hängen können beispielsweise Trockenmauern angelegt werden. In Vertiefungen können Feuchtbereiche gebaut werden, in die zum Beispiel Brunnenkresse und andere feuchtigkeitsliebende Kräuter gepflanzt werden. Bäume oder Sträucher können in die Gestaltung miteingebunden werden. Sie bilden vorrangig den Hintergrund und unterstützen die zierende Wirkung vieler Kräuter. Ziel bei Neuanlagen ist es, vorhandene Elemente im Garten mit der neuen Gestaltung zu verbinden.

▸ Der integrierte Kräutergarten

Wenn der Garten bereits seit länge-

***In vorhandene Gemüsebeete** kann man ohne weiteres Kräuter integrieren.*

rem genutzt wird, sind Beete schon angelegt und bepflanzt worden. In diese Bepflanzung können Kräuter so eingebunden werden, dass sie neben Nutz- auch Zierwert erlangen. Viele Kräuter sind ausdauernde Pflanzen, die weniger durch ihre Blütenpracht bekannt sind. Gemeinsam mit Stauden können sie beispielsweise dekorative Bauerngärten schaffen. Traditionell wurden durch die Vierteilung dieser Gartenform Kräuter von Zierstauden getrennt.
Auch karg erscheinende Steingärten können durch Duftpflanzen bereichert werden. Ihr Blütenflor erscheint meist nach der Hauptblüte im Frühjahr und lockt im Sommer mit seinem Duft Bienen und Schmetterlinge in die steinige Landschaft.
Kräuter sind auch wichtige Bestandteile von naturbelassenen Wildgärten. Sie wachsen dort in Gemeinschaften mit anderen Pflanzen. In dieser Gartenform wird auf fast alle gewöhnlichen Pflegearbeiten verzichtet, sodass der Wildgarten sich zu einer Art Biotop entwickelt.
Welche Gartenform auch vorliegt, wichtig ist, dass die Kräuter zum vorherrschenden Wuchs passen. Besondere Berücksichtigung sollten die Standortansprüche und die Pflanzennachbarschaft finden. Unterschiedliche Wuchseigenschaften und -stärken rufen besonders in der ersten Zeit mehr Pflege bei Kombinationen zwischen Nutz- und Zierpflanzen hervor. Diese bestehen in erster Linie darin, die neu angepflanzten Kräuter vor dem Überwachsen benachbarter Pflanzen zu schützen und ihnen eine optimale Nährstoff- und Wasserversorgung zukommen zu lassen. Letztendlich haben Kräuter aber einen starken Lebenswillen und etablieren sich relativ schnell neben anderen Gartenpflanzen.

Der Küchengarten

Den Garten als Küchengarten zu gestalten, hat das Ziel, einen Teil der Nahrung selbst anzubauen. Zweifellos schmeckt kein Gemüse, Kraut oder Obst besser als das aus dem eigenen Garten. Kräuter aus dem Küchengarten können erntefrisch in der Küche verarbeitet werden. Zudem weiß man, wie die

***Farbenprächtiges Beet** mit Aroma- und Duftpflanzen, von einer kleinen Hecke eingerahmt.*

Pflanzen behandelt wurden und kann sie bedenkenlos verwenden. Als Küchenkräuter werden diejenigen Kräuter bezeichnet, die aufgrund ihres Aromas Speisen verfeinern und durch ihre Inhaltsstoffe gesundheitsfördernd auf den menschlichen Körper wirken. Dieser der Ernährung dienende Küchengarten beinhaltet neben Kräutern natürlich auch Gemüse und Obst. Geschickt lassen sich die verschiedenen Pflanzen miteinander kombinieren, sodass eine Mischkultur entsteht. Sie bewirkt ein besseres Pflanzenwachstum, ein besseres Aroma von Gemüse und Kräutern und reduziert auf natürliche Weise die Gefahr eines Schädlingsbefalls.

***Küchenkräuter** am Haus sorgen für frische Verpflegung.*

▸ Aufbau und Gestaltung

Aufbau und Gestaltung eines Küchengartens richtet sich nach den Platz- und Standortverhältnissen im Garten. Die meist geringen Platzverhältnisse eines modernen Gartens schränken die Gestaltungsmöglichkeiten stark ein. Aus diesem Grund empfiehlt es sich, die wichtigsten Pflanzen für die eigene Küchenverwendung zu bestimmen, sodass der Platz optimal ausgenutzt werden kann.
Für die Gestaltung gibt es vielfältige Möglichkeiten.
Soll der Küchengarten in den Garten eingebunden und sollen nur Kräuter angebaut werden, kann man eine symmetrische Gestaltung wählen. Hierbei wird das Kräuterbeet in regelmäßigen geometrischen Formen angelegt. Dieser Aufbau lässt sich auch bei geringem Platzbedarf umsetzen. Die geometrischen Formen ergeben sich durch die Gestaltung der Beete und Wege, die entweder rechteckig, quadratisch oder rund angeordnet werden können.
Am gewöhnlichsten sind Kräutergärten in Beetform. Gekennzeichnet ist diese Gestaltung durch rechteckige Beete, in denen die einzelnen Kräuter in Reihen kultiviert werden. Diese Anordnung in Form von Reihen erleichtert spätere Ernte- und Pflegearbeiten. Eine besondere Gestaltungsform sind kreuzförmige Kräutergärten, die nach dem Vorbild altertümlicher Klostergärten angelegt werden. Dort, wo sich Längs- und Querweg treffen, wird im Allgemeinen ein Rondell errichtet, in dem höhere Pflanzen den Mittelpunkt bilden. Umgeben wird dieses Rondell von einem Weg, der die Verbindung zwischen Längs- und Querweg schafft. Kräuterrondelle oder Kräu-

Mischkultur von Gemüse und Kräutern *stärkt die Pflanzen und schützt sie vor Schädlingen.*

Großer Kräutergarten *mit einer Trennung der verschiedenen Beete durch Hecken*

TIPP

Haben Sie wenig Platz und stehen die Kräuter im Küchengarten sehr eng nebeneinander, so müssen sie befallene, kranke Pflanzenteile bzw. Ernterückstände besonders schnell entfernen, damit benachbarte Pflanzen nicht erkranken.

terräder wirken auch einzeln im Garten. Beim Kräuterrad wird die kreisrunde Form in mehrere gleichgroße Teile zerlegt und durch künstliche Abgrenzungen voneinander getrennt. In jedes Teil wird jeweils eine Kräuterart gepflanzt. Beim Rondell werden die hoch wachsenden Kräuter in die Mitte gepflanzt. Die Wuchshöhe der einzelnen Küchenkräuter sollte nach außen hin abnehmen.

▸ Kombination mit Gemüse

Werden Kräuter gemeinsam mit Gemüse angebaut, wird von einer Mischkultur gesprochen. Darunter versteht man, dass Gemüse und Kräuter in Reihen abwechselnd und nebeneinander angebaut werden. Zwar ist der Anbau in Reihen für die gemeinsame Kultur nicht Voraussetzung, jedoch durch die Arbeitsersparnis bei Ernte und Pflege üblich. Die einzelnen Reihen lassen sich je nach Pflanzenbedürfnissen bearbeiten und das Wachstum benachbarter Pflanzen wird nicht behindert. Bei der Kombination von Gemüse und Kräutern ist auf deren Verträglichkeiten und Wuchs zu achten, sodass sie sich in der Entwicklung nicht hemmen. Hoch wachsende Kräuter können bei niedrigem Gemüse beispielsweise zu Lichtmangel und dadurch zu geringeren Erträgen oder Schädlingsbefall führen. Gewöhnlich bewirkt die Mischkultur eine Minderung des Schädlingsbefalls am Gemüse, da die starken Aromen der Kräuter abschreckend auf Ungeziefer wirken.

Mischkulturbeet *mit Gemüse und Kräutern. Linke Reihe von hinten nach vorne: Bohnen, Bohnenkraut, Möhren, Zwiebeln, Dill und Kopfsalat. Rechte Reihe von hinten nach vorne: Gurken, Estragon, Tomaten, Basilikum, Sellerie und Römische Kamille.*

Die Kräuterspirale

Die wohl bekannteste Form des Kräutergartens ist die Kräuterspirale. Sie eignet sich besonders dort, wo nur eine relativ begrenzte Anbaufläche zur Verfügung steht und man dennoch ein umfangreiches Kräutersortiment anbauen möchte. Sie hat den Vorteil, dass die Kräuter mit unterschiedlichen Standortansprüchen jeweils einen geeigneten Platz finden und erlaubt es, sowohl sehr feuchte als auch extrem trockene Lagen anzubieten.

Kräuterspirale im Sommer *mit Ringelblume, Salbei, Rainfarn, Beifuß.*

Anlage

Zum Bau der Spirale wird ein Platz von 3 bis 4 m Durchmesser benötigt. Sonnige Lagen sind empfehlenswert, um der späteren Bepflanzung ausreichend Licht bieten zu können. In der Mitte, wo der spätere Hochpunkt der Spirale liegt, wird ein nach außen abfallender Steinhügel aufgeschüttet, der 40 bis 80 cm hoch sein kann. Seine Aufgabe ist es, der Spirale die notwendige Höhe zu geben sowie das Bauwerk zu drainieren und Wärme zu speichern. Dieser Steinhügel wird anschließend mit Gartenboden überschüttet. Anschließend ist aus Steinen eine Spiralmauer mit einer leichten Neigung zu bauen. Es ist ratsam, zwischen die Steine Erde zu füllen. Dadurch ist es trockenheitsliebenden Pflanzen später möglich, die Mauerritzen zu besiedeln. Die abfallende Mauer nimmt mit der Rundung immer mehr ab, bis sie mit der Gartenoberfläche abschließt. An diesem unteren Teil lässt sich ein kleiner Teich errichten, der als Standort für feuchtigkeitsliebende Pflanzen dient. Durch die Verdunstungskühle beeinflusst er das Kleinklima positiv und vermindert Pflanzenschäden. Dabei muss es sich um keinen großen Teich handeln, eine Fläche von 0,5 m² reicht meistens schon aus. Zur Errichtung eignen sich Teichfolie, Kunststoffbecken, alte Badewannen oder Fässer.

Kräuterspirale *frisch angelegt*

Bepflanzung

Die Bodenfeuchtigkeit nimmt nach unten zu, sodass im unteren Bereich, alle feuchtigkeitsliebenden und großblättrigen Pflanzen (Brunnenkresse, Liebstöckel, Baldrian, Wasserminze) anzusiedeln sind. Nach obenhin nimmt die Bodenfeuchtigkeit ab, so dass trockenheitsverträgliche Pflanzen (Bohnenkraut, Salbei, Thymian) an diese Stellen gepflanzt werden. Zur Bodenverbesserung lässt sich im unteren und mittleren Bereich Humus und Kompost einarbeiten. Der obere Bereich sollte jedoch davon verschont bleiben, da die dort wachsenden Pflanzen arme magere Böden bevorzugen. Wuchskräftige Kräuter wie Minze-Arten kann man mit großen Töpfen einlassen, um so ihre Wuchskraft einzuschränken.

TIPP

Beim Bau ist auf Wurzelunkräuter zu achten. Sie befinden sich gewöhnlich in der zu verfüllenden Erde. Sie im Nachhinein zu entfernen ist durch den Maueraufbau schwierig, da die Wurzelstücke in den schwer zugänglichen Steinfugen sitzen können.

Trockenmauern

Bei Trockenmauern handelt es sich um Gartenbauwerke, bei denen Steine locker übereinander gesetzt werden. Sie weorden oft in Verbindung mit Steingärten gebracht. Natürlich nicht grundlos. Die Ansprüche einer Trockenmauer entsprechen denen, die im Steingarten vorzufinden sind. Am häufigsten trifft man Trockenmauern dort an, wo Gartenbereiche in verschiedenen Höhen miteinander verbunden werden sollen.

Die Trockenmauer stellt einen einzigartigen Lebensraum dar, für den nur eine geringe Anzahl von Kräutern geeignet ist. Das trockene heiße Klima erinnert an die felsigen Landschaften im Mittelmeerraum. Die dort heimischen Pflanzen finden in diesem künstlichen Lebensraum optimale Standortbedingungen vor. Der magere Boden und die sonnige Lage wirken sich sehr positiv auf die Bildung der Inhaltsstoffe aus. Im Vergleich mit Pflanzen von anderen Standorten, haben die Kräuter auf der Trockenmauer ein bedeutend intensiveres Aroma. Passende Pflanzen sind beispielsweise Salbei, Bohnenkraut, Lavendel, Thymian und Tripmadam. Kombinieren lassen sie sich mit typischen Steingartenpflanzen, sodass ein abwechslungsreiches Bild entsteht. Das Wurzelgeflecht der in den Ritzen wachsenden Pflanzen festigt mit der Zeit die Steine und erhöht die Stabilität.

Die besonderen Standorteigenschaften setzen natürlich einen Pflegeaufwand voraus. Gießen gehört genauso dazu wie der regelmäßige Rückschnitt und das Abdecken mit Reisig im Winter. Durch die Neigung bietet die Mauer dem Frost eine große Angriffsfläche und kann durchfrieren, wodurch Wurzelschäden entstehen können. Verholzende Kräuter können durch Temperaturschwankungen, die

***Quendel** wächst in Steinfugen und verträgt Trockenheit.*

durch direkte Sonneneinstrahlung entstehen, Sonnenbrand erleiden und durch Holzschäden eingehen. Ausspülungen können nach starken Regenfällen auftreten und ein Rutschen der Steine verursachen. Die fehlende Erde muss dann wieder aufgefüllt werden.

***Thymian** und andere Polster bildende Kräuter besiedeln den oberen Teil.*

Hoch- und Hügelbeet

Hoch- und Hügelbeete sind bereits in einigen Gärten wiederzufinden. Dabei handelt es sich entweder um hügelartige Beetaufschüttungen oder eingefasste höher liegende Beete, auf denen die Pflanzen angebaut werden. Trotz größerer Mühen, die sich beim Bau ergeben, bringen diese Beetformen bemerkenswerte Vorteile. Zum einen erfreut die Rücken schonende Ernte und Pflege begeisterte Gärtner, zum anderen lässt die Höherlegung der Beete die angebauten Pflanzen im Vergleich zu herkömmlichen Beeten besser gedeihen und früher reifen. Hervorzuheben ist die schnellere Bodenerwärmung im Frühjahr, die durch einen guten Wasserabzug und Verrottungsvorgänge im Inneren zu erklären ist. Heiße Temperaturen, wie sie im Sommer üblich sind, erfordern jedoch einen erhöhten Arbeitsaufwand in Form von zusätzlichem Gießen. Um diese Arbeit zu umgehen, bietet es sich an, eine Tropfbewässerung zu installieren, die eine Automatisierung der Wasserversorgung möglich macht.

Anlage und Pflege

Soll im Garten ein Hoch- oder Hügelbeet angelegt werden, eignet sich als Bauzeitpunkt der Herbst. In dieser Jahreszeit fallen viele Pflanzenreste an, die zum Auffüllen der Beete dienen können.

Hochbeet Als Einfassung von Hochbeeten lassen sich Beton- oder Kunststoffplatten, Holzbretter oder -palisaden verwenden. Seitlich angebrachte Teichfolie verhindert ein Austrocknen des Bodens und schützt bei Holzeinfassungen vor schnellem Verrotten. Auf dem Grund des Beetes wird Maschendraht ausgelegt, der Wühlmäuse abhalten soll. Darauf wird eine Schicht aus zerkleinerten Ästen aufgebracht, die als Drainage wirken. Ein Gemisch aus Kompost und Herbstlaub bildet die folgende Schicht. Als oberste Schicht wird reine Komposterde aufgefüllt. Durch die Verwendung von unverrotteten Gartenabfällen (Äste und Laub) kommt es zu natürlichen Nährstoffbildungen, weshalb zusätzliche Düngergaben vermieden werden sollten.

Hügelbeet Beim Hügelbeet ist ein ähnlicher Aufbau möglich. Der Unterschied ergibt sich aus der fehlenden Einfassung. Dadurch ist kein waagerechtes Schichten möglich, sondern muss halbkreisförmig der Beetform angepasst werden. Die Schichten an sich unterscheiden sich nicht von denen im Hochbeet. Bei Hügelbeeten empfiehlt es sich zur Arbeitserleichterung, vor der Bepflanzung die seitlichen Hänge etwas terrassenförmig zu gestalten. Eine in den Hügelscheitel gezogene Rinne ver-

TIPP

Beim Anlegen von Hügelbeeten sind die seitlichen Hänge nicht mit einem zu steilen Gefälle anzulegen, da Regengüsse zu Abspülungen führen können. Eine durch Andrücken erreichte glatte Bodenoberfläche verhindert Ausspülungen bei schwachen Regenfällen.

***Hochbeet** mit Johanniskraut, Kapuzinerkresse, Schafgarbe, Schopflavendel und Sonnenhut.*

Lavendel *ist schnittverträglich und eignet sich als Kräuterhecke.*

Durch die stufige Anordnung *kommen die Kübelkräuter besonders zur Geltung.*

hindert ein vorschnelles Abfließen des Gießwassers. Durch die Verrottung ist es notwendig, die Beete alle vier bis sechs Jahre zu erneuern, da sie sonst ihre vorteilhafte Wirkung verlieren. Zudem lässt im Laufe der Jahre die natürliche Nährstoffproduktion nach, sodass Pflanzen, die einen hohen Nährstoffbedarf haben, nachgedüngt oder ersatzweise Pflanzen mit geringem Nährstoffbedarf angebaut werden müssen.

Kräuterhecken

Besonders aus alten Kräutergärten kennt man Hecken als Beeteinfassungen. In den meisten Fällen handelt es sich dabei um Buchsbaum (*Buxus sempervirens*), da dieses Gehölz sich in Form schneiden lässt. Aufgrund seines langsamen Wuchses werden von Kräutergärtnern allerdings immer wieder schneller wachsende Alternativen gesucht: Für Einfassungen und Hecken eignen sich erfahrungsgemäß die meisten verholzenden Kräuter, die einen strauchartigen Wuchs besitzen. Niedrige Hecken mit einer Höhe bis zu 30 cm können durch die Pflanzung von Thymian angelegt werden. Höhere Hecken von bis zu 60 cm erreicht man durch die Reihenpflanzung von Lavendel und Ysop. Alle drei verholzenden Kräuter wachsen strauchig und sind schnittverträglich. Regelmäßige Schnittmaßnahmen sind im Frühjahr oder Herbst durchzuführen, um ein Verkahlen der inneren Bereiche zu verhindern.

Der Heilpflanzengarten

Geprägt durch seine Tradition findet man diesen speziellen Kräutergarten häufiger in der Nähe von Apotheken und Klöstern als im privaten Bereich. Die immer stärkere Verbreitung von Naturheilverfahren, bewirkte in den letzten Jahren eine Zunahme und Entwicklung der Heilpflanzengärten. Als Grundlage zur Behandlung von Krankheiten und Leiden werden bestimmte Heilpflanzen direkt von den Alternativmedizinern genutzt. Diese steigende Beliebtheit setzt sich auch in Privatgärten fort. In der heutigen Zeit, wo Arzneimittel vorrangig aus synthetischer Herkunft stammen, bieten diese Pflanzen durch ihre Inhalts- und Wirkstoffe eine natürliche Möglichkeit, leichte Beschwerden zu kurieren. Natürlich ersetzen diese Heilpflanzen keine herkömmlichen Arzneimittel, sie haben jedoch eine unterstützende Wirkung, die den Heilungsprozess beschleunigt.

▸ Gestaltung und Pflege

Bei der Anlage von Heilpflanzengärten ist es wichtig zu wissen, dass hier die Bildung von Inhalts- und Wirkstoffen der einzelnen Pflanzen im Vordergrund steht. Voraussetzung dafür ist genügend Sonnenenergie, da sie maßgeblich die Wirkstoffbildung beeinflusst. Plätze im Schatten sind zwar bedingt möglich, jedoch nicht bestens für eine Kultur von Heilpflanzen geeignet. Deshalb sind für diese speziellen Gärten sonnige Lagen zu wählen. Bei der Anordnung gibt es wie im Küchengarten verschiedene Gestaltungsformen, die sich nach Standortvoraussetzungen und eigenen Wünschen wählen lassen. Im Allgemeinen werden diese Gärten jedoch in regelmäßigen oder symmetrischen Formen angelegt. Kräuterräder oder -rondells eignen sich ebenso

Verschiedene Themenbeete

Anwendungsgebiet	Ernte	Verwendung
nervöse Beschwerden und Stress		
Borretsch	*Blätter und Blüten im Sommer*	*Tee*
Wegwarte	*Kraut im Sommer*	*Tee*
Fenchel	*Samen im Sommer, Blätter ab dem Frühjahr*	*Tee*
Johanniskraut	*Kraut in der Blütezeit*	*Tee*
Zitronenmelisse	*Kraut vor der Blüte*	*Tee*
Minze	*Kraut in der Blütezeit*	*Tee, Umschläge*
Katzenminze	*Sprossspitzen mit Blütenansatz in der Blütezeit*	*Tee*
Baldrian	*Wurzeln ab September*	*Abkochung, Tee, Wurzelsaft*

Themenbeet „Erkältung“: *1. Alant, 2. Zitronenmelisse, 3. Fenchel, 4. Echter Eibisch, 5. Salbei, 6. Thymian, 7. Andorn, 8. Indianernessel und 9. Ysop.*

wie beispielsweise die rechteckige Beetanordnung. Am geschicktesten ist es, den späteren Heilpflanzengarten in mehrere Bereiche zu teilen, sodass die anschließende Bepflanzung verschiedene Themenbeete ergibt. Die einzelnen Bereiche oder Beete kennzeichnen die Anwendungsgebiete der angebauten Kräuter. Der Vorteil dieser Trennung ist, dass sofort ersichtlich ist, für welche Beschwerden die Pflanzen nutzbar sind. Bedingt durch die zum Teil vielfältige Verwendung bestimmter Kräuter ist es möglich, dass man diese Pflanzen in mehreren Bereichen pflanzt.

Anwendungsgebiet	Ernte	Verwendung
Erkältungskrankheiten		
Alant	*Wurzeln von Oktober bis März*	*Abkochung, Tee*
Andorn	*Sprossspitzen mit Blütenansatz in der Blütezeit*	*Abkochung, Tee, Tinkturen*
Echter Eibisch	*Wurzeln von Oktober bis April, Blätter und Blüten im Frühjahr und Sommer*	*Abkochung, Tee Tee*
Fenchel	*Samen im Sommer, Blätter ab dem Frühjahr*	*Tee*
Indianernessel	*Blätter und Blüten im Sommer*	*Dampfbäder, Tee*
Salbei	*Blätter vor der Blüte*	*Tee, Mundspülung*
Thymian	*Sprossspitzen mit Blütenansatz in der Blütezeit*	*Tee*
Ysop	*Sprossspitzen mit Blütenansatz in der Blütezeit*	*Tee*
Zitronenmelisse	*Kraut vor der Blüte*	*Tee*
Magen-Darmbeschwerden		
Beifuß	*Sprossspitzen mit Blütenansatz in der Blütezeit*	*Tee*
Bohnenkraut	*Kraut über das gesamte Jahr*	*Tee*
Fenchel	*Samen im Sommer, Blätter ab dem Frühjahr*	*Tee*
Frauenmantel	*Blätter im Frühjahr*	*Abkochung, Tee*
Kamille	*Blätter und Blüten im Sommer*	*Tee*
Kornblume	*Kraut in der Blütezeit*	*Tee*
Kümmel	*Samen im Sommer*	*Abkochung, Tee*
Majoran	*Kraut zum Blühbeginn*	*Tee*
Schafgarbe	*Kraut in der Blütezeit*	*Tee*
Thymian	*Sprossspitzen mit Blütenansatz in der Blütezeit*	*Tee*
Wermut	*Blätter und Blüten im Sommer*	*Abkochung, Tee*
Zitronenmelisse	*Kraut vor der Blüte*	*Tee*

***Beschilderung** im privaten Heilpflanzengarten verhindert Verwechselungen.*

***Themenbeete**, wie hier im Neuen Apothekergarten in Ulm, können auch im eigenen Hausgarten angelegt werden.*

Der Kneippgarten

Sebastian Kneipp ist es unter anderem zu verdanken, dass unter der revolutionären Entwicklung synthetischer Medikamente im 19. Jahrhundert das alte Kräuterwissen nicht ausstarb, sondern im Rahmen neuer Naturheilverfahren weiterentwickelt wurde. Die Gartenform, die durch Kneipp bekannt wurde, lehnt sich in der Gestaltung an den traditionellen Bauerngarten an. Umgeben von einem hölzernen Staketenzaun ist der Garten durch eine regelmäßige Anordnung rechteckiger Beete untergliedert, die durch Holzbalken oder -bänke eingefasst sind. Typisch für diesen Garten sind die Kieselwege. Dieser optische Eindruck wird durch die Pflanzen, die im Kneippgarten stehen, zusätzlich beeinflusst. Vorrangig finden sich in ihm typische Bauerngartenpflanzen wieder, die durch ihre medizinische Wirkung eine natürliche Hausapotheke bilden und kleinere Beschwerden lindern oder heilen können. Geordnet sind sie gewöhnlich nach Indikationen oder Verwendungen. Kopfschmerzen, nervöse Unruhe und Schlafstörungen sind typische Stresssymptome, unter denen mittlerweile ein Großteil der Bevölkerung leidet. Durch die grundlegenden Forschungen Kneipps wurden Heilmethoden entwickelt, die beispielsweise Baldrian, Fenchel, Minze, Melisse, Muskatellersalbei und Schafgarbe nutzen. Durch das Inhalieren werden die Sinne so angeregt, dass sich die Psyche beruhigt und der Kreislauf stabilisiert. Schlafkissen mit duftenden Kräuter sorgen für einen tiefen ausgeglichenen Schlaf. Ein weiterer pflanzlicher Bestandteil des Kneippgartens sind Duftpflanzen wie Nelken und Rosen. Sie dienen als Grundlage der Aromatherapie, die durch sanfte Reizungen der Sinne eine harmonisierende Wirkung im Alltag verspricht.

***Hier blühen die Pflanzen** aus Sebastian Kneipps Hausapotheke.*

TIPP

Typische Pflanzen für einen Klostergarten sind zum Beispiel Andorn, Eberraute, Fenchel, Frauenminze, Heilziest, Katzenminze, Kerbel, Liebstöckel, Melone, Minze, Muskatellersalbei, Odermennig, Poleiminze, Rettich, Rose, Salbei, Schafgarbe, Schwertlilie, Sellerie, Weinraute, Weiße Lilie und Wermut.

Der Klostergarten

Klostergärten besitzen zumeist eine jahrhundertealte Geschichte. Von damals bis heute sind es Orte, die der Besinnung und Bildung dienen. Bedingt durch ihre lange Geschichte gibt es viele Einflüsse auf die Gestaltung dieser Gärten. Grundsätzlich wird bei der Errichtung eines traditionellen Klostergartens ein Wegekreuz angelegt, das vier gleich große Beete voneinander trennt. Die Wege können entweder mit Mulchmaterialien oder auch festen Steinen, wie zum Beispiel Klinker, angelegt werden. Die Beete werden durch Kräuterhecken eingefasst und bilden den Abschluss zum Weg.
Geeignete Pflanzen sind Buchsbaum (*Buxus sempervirens*), der zwar langsam wächst, jedoch am häufigsten verwendet wird oder andere verholzende Kräuter, wie

beispielsweise Heiligenkraut (*Santolina chamaecyparissus*) Lavendel (*Lavandula angustifolia*), Thymian (*Thymus vulgaris*) oder Ysop (*Hyssopus officinalis*). Auf den einzelnen Beeten werden Gemüse-, Kräuter-, Obst- und Zierpflanzen angeordnet. Diese strikte Trennung ist zwar in alten Kräutergärten häufig anzutreffen, bei einer Neuanlage aber nicht bindend. Die Nutzpflanzen werden zur Arbeitserleichterung in Reihen angebaut. Geschickt miteinander kombiniert, entsteht eine Mischkultur, die den biologischen Pflanzenschutz fördert und Schädlinge vertreibt.

Das Zierbeet wird mit einjährigen Sommerblumen und ausdauernden Stauden bepflanzt. Den Hintergrund sollten insbesondere die hoch wachsenden Stauden bilden. Die blühfreudigen und farbkräftigen Sommerblumen werden durch ihre zumeist geringere Höhe im Vordergrund angeordnet. Dadurch entsteht ein stufiger Aufbau und es kommen alle Zierpflanzen im Beet ausreichend zur Geltung.

Der Mittelpunkt des Wegekreuzes wird von einem Rundweg umgeben. Er schließt entweder einen sprudelnden Brunnen oder ein Kräuterrondell ein. Traditionell hat natürlich der Brunnen eine größere Bedeutung, jedoch lassen sich auch hoch wachsende Kräuter, beispielsweise Alant, Beifuß, Eibisch oder Wermut, in ein kreisrundes Beet pflanzen. Durch ihre Höhe bilden sie deutlich den Mittelpunkt dieses Kräutergartens. Modernere Gestaltungen lassen auch Rosengerüste oder kleine Gartenpavillons zu.

Duftpflanzen, *wie zum Beispiel Rosen, sind ebenfalls Bestandteile des Kneippgartens.*

Salbei und Schafgarbe *gehören zu den typischen Pflanzen eines Klostergartens.*

Der Duftgarten

Duftgärten werden häufig als Oasen der Sinne bezeichnet. Die darin enthaltenen Pflanzen zeichnen sich durch besonders intensive Gerüche und Aromen aus, die das mentale Befinden verbessern. Geprägt von künstlichen Düften, Nahrungsmitteln und Produkten haben besonders jüngere Generationen ihre Sensibilität für natürliche Düfte verloren. Ein Schritt in Richtung natürlicher Entspannung und Wellness kann der eigene Duftgarten sein. Durch die Aromen wird das Gehirn stimuliert, sodass Erinnerungen, Gefühlsregungen, hormonelle und immunbiologische Reaktionen hervorgerufen werden. Verantwortlich für die Aromen und Düfte sind vor allem ätherische Öle, die in den Pflanzen vorkommen. Neben vielen anderen Inhaltsstoffen sind auch sie für die Naturheilkunde sehr wichtig, da sie entzündungshemmend, schleimlösend, desinfizierend, harntreibend, krampflösend oder verdauungsfördernd wirken können. Typische Geruchsrichtungen, wie blumig, kampfer- und moschusartig, minzig oder stechend, werden maßgeblich durch Inhaltsstoffkombinationen beeinflusst, so dass eigene Noten entstehen. Am intensivsten sind die Aromen in den sommerlichen Abendstunden spürbar. Die am Abend einsetzende Taubildung fördert das Entweichen der Düfte genauso wie leichte Regenfälle. Die Düfte ziehen nicht nur Menschen in ihren Bann, sondern locken auch viele Insekten und Nützlinge an.

Entspannung *findet man in dieser Duftecke dank Kräutern wie Bergminze, Ysop, Nachtkerze, Heiligenkraut oder Wermut.*

Wichtige Duftpflanzen

Deutscher Name	Botanischer Name	Ansprüche	Aroma
Ananassalbei	*Salvia elegans*	*frostempfindlich, nahrhafter Boden, regelmäßiger Rückschnitt*	*intensives Ananasaroma*
Apfelminze	*Mentha suaveolens*	*frosthart, frischer Boden*	*fruchtig-minzig*
Bärlauch	*Allium ursinum*	*frosthart, frischer bis feuchter Boden*	*knoblauchartig*
Balsamstrauch	*Cedronella canariensis*	*frostempfindlich*	*zitronig-minzig, balsamartig*
Bergminze	*Calamintha nepeta*	*frosthart, durchlässiger Boden*	*herb minzig*
Eberraute	*Artemisia abrotanum*	*frosthart, durchlässiger Boden*	*süßlich moschusartig*
Fenchel	*Foeniculum vulgare*	*frosthart*	*anisartig*
Indianernessel	*Monarda didyma*	*frosthart, durchlässiger Boden*	*herb fruchtig*
Römische Kamille	*Chamaemelum nobile*	*frosthart, durchlässiger Boden*	*herb fruchtig*

Viele Kräuter haben neben ihren Aromen interessante Blattoberflächen, die sich durch Anfassen und Streicheln erforschen lassen.

▸ Gestaltung und Pflege eines Duftgartens

Duftgärten lassen sich wie gewöhnliche Kräutergärten nach individuellem Belieben und den vorgegebenen Standortbedingungen gestalten. Empfehlenswert sind größere Duftbeete, die intensiv-aromatische Kräuter beinhalten. Sitzecken oder Gartenbänke inmitten dieser Beete sorgen für entsprechende Entspannungsmöglichkeiten. Um einen möglichst hohen Gehalt an ätherischen Ölen in den Kräutern zu erreichen, ist ein sonniger Pflanzplatz vonnöten. Magere bis normale Gartenerde, d. h. eine sandige bis sandig-lehmige Struktur, bringen die besten Wachstumsergebnisse und Wirkstoffgehalte. Handelt es sich um größere Beete, eignen sich duftende Gehölzpflanzen für die Bepflanzung des Hintergrunds. Solche Gehölze können beispielsweise Flieder (*Syringa*), Rosen (*Rosa*) oder auch Schneeball (*Viburnum*) sein. Den Anschluss nach vorn bilden hoch wachsende Duftkräuter, die nach vorn in ihrer Wuchshöhe abnehmen. Zu beachten ist dabei, dass benachbarte Pflanzen sich nicht gegenseitig in der Pflanzenentwicklung behindern. Kräuter mit unterschiedlicher Wuchsstärke sind nicht miteinander zu kombinieren, da die Gefahr der Verdrängung des schwachwüchsigen Krautes besteht. Gewöhnliche Pflegemaßnahmen bestimmen die Hauptarbeiten im Kräuterjahr. Auf übermäßige Düngung ist zu verzichten, da diese zwar das Pflanzenwachstum beschleunigen, jedoch die Bildung ätherischer Öle vermindert wird. Geerntetes Sammelgut kann auch für Duftmischungen und Potpourris dienen.

Dufterlebnis *im Kindergarten*

Deutscher Name	Botanischer Name	Ansprüche	Aroma
Katzenminze	*Nepeta cataria*	*frosthart*	*minzig*
Lavendel	*Lavandula angustifolia*	*frosthart, bei Barfrost mit Reisig abdecken, regelmäßiger Verjüngungsschnitt*	*markant*
Pfefferminze	*Mentha x piperita*	*frosthart, frischer Boden*	*stark minzig*
Rosmarin	*Rosmarinus officinalis*	*frostempfindlich, durchlässiger Boden, regelmäßiger Verjüngungsschnitt*	*typisch markant*
Thymian	*Thymus vulgaris*	*frosthart, durchlässiger Boden*	*markant*
Ysop	*Hyssopus officinalis*	*frosthart, regelmäßiger Schnitt*	*markant stechend*
Zitronenmelisse	*Melissa officinalis*	*frosthart, durchlässiger Boden*	*stark zitronig*
Zitronenverbene	*Aloysia triphylla*	*frostempfindlich, regelmäßiger Verjüngungsschnitt*	*stark zitronig*

Lavendel *lockt Schmetterlinge an.*

Der Blütengarten

Eine häufige Vorstellung, Kräutergärten besitzen nur geringe Zierwerte, da sie nur unscheinbare Pflanzen beinhalten, ist zwangsläufig falsch. Nur wenige Gartenliebhaber wissen, dass viele Zierstauden auch heilende oder würzende Eigenschaften besitzen. Als Beispiel einer schmückenden Heilpflanze ist der Sonnenhut (*Echinacea*) zu nennen. Er liefert einen für die Pharmazie sehr bedeutenden immunstärkenden Wirkstoff und ist heute in vielen Gärten anzutreffen. Von Bauerngärten kennt man seit Jahrhunderten die Kombination aus Kräutern und Stauden, die zusammen einen wunderschönen Anblick ergeben. Der Kräuterblütengarten eignet sich für denjenigen, der die Kräuter nicht nur anbauen und verwenden möchte, sondern sich auch optisch an den Pflanzen erfreuen will. Diese Gartenform begeistert jedoch nicht nur den Menschen, sondern auch eine Vielzahl von Insekten und Nützlingen. Wenn im Sommer die Kräuter ihre volle Blütenpracht zur Schau stellen und intensiv zu duften beginnen, bleiben Bienen, Hummeln und Schmetterlinge nicht aus. Die Blüten vieler Kräuter sind Bestandteile bestimmter Kräutertees, Heilsalben oder natürlicher Arzneimittel. Manche Blüten sind auch essbar, weshalb sie gern in Salaten oder zur Garnierung verwendet werden.

***Indianernesseln** bilden große Büsche und grazile Blüten.*

▸ Gestaltung und Pflege von Blütengärten

Bei der Anlage von Blütengärten ist natürlich der eigene Geschmack gefragt. Möchte man jedoch nach dem Vorbild alter Traditionen seinen Garten gestalten, kommt man am Bauerngarten nicht vorbei. Hierbei werden nicht nur Kräuter allein angebaut, sondern durch allerhand Gemüse- und Zierpflanzen ergänzt. Der Reiz des Bauerngartens besteht darin, dass in ihm nicht streng zwischen den einzelnen Pflanzen unterschieden wird. Ähnlich wie in den Klostergärten wird das Wegekreuz verwendet. Einfassungen werden mit Buchsbaum (*Buxus sempervirens*) oder alternativ mit Ysop (*Hyssopus officinalis*) in Reihenpflanzung erreicht. Sind die Einfassungen durch Pflanzen zu teuer, kann man sich auch mit Feldsteinen behelfen.
Die Bepflanzung der Beete kann in Pflanzengruppen (Gemüse, Kräuter, Zierpflanzen) vorgenommen werden. Eine farbenfrohe Mischung der unterschiedlichsten Pflanzen hat jedoch auch ihren Reiz. Die Wege können entweder mit kiesigem Material oder grobem Rindenmulch angelegt werden. Auflaufende Unkräuter werden bei der Verwendung von Mulchmaterialien unterdrückt oder lassen sich

***Ringelblume,** Mutterkraut, Indianernessel und Stockrose setzen blühende Akzente im Garten.*

bei Kieswegen durch den geringen Halt leicht entfernen. Eine Alternative zum Bauerngarten bieten herkömmliche Blumenbeete. Hier werden blühfreudige Kräuter mit nachbarschaftsverträglichen Gartenpflanzen wie Stauden, Zwiebelpflanzen oder Sommerblühern kombiniert. Auch bei diesen Pflanzen sind aufgrund möglicher Überwucherungen die unterschiedlichen Wuchsstärken zu beachten. Da man bei einem Blütengarten besonders die Blütenentwicklung fördern möchte und nicht die Wirkstoffgehalte im Vordergrund stehen, empfiehlt es sich, den Boden im Frühjahr mit organischen Düngern oder Kompost zu verbessern. Sind die Pflanzen gut entwickelt, ist es immer wieder bedauerlich, wenn die Blütenpracht nach kurzer Zeit vergeht. Die Blütezeit lässt sich jedoch durch Abschneiden der verwelkten Blüten verlängern. Zieht der Herbst in den Blütengarten ein, kann mit dem notwendigen Rückschnitt bis im darauf folgenden Frühjahr gewartet werden. Das abgestorbene Pflanzenmaterial dient vielen Tieren als Nahrungsquelle im Winter und bietet ihnen zudem etwas Schutz.

Blütenfülle im Kräutergarten

Deutscher Name	Botanischer Name	Blütenfarbe	Blütezeit
Alant	*Inula helenium*	*gelb*	*Juni bis September*
Arnika	*Arnica montana*	*gelb*	*Juni bis August*
Echter Eibisch	*Althaea officinalis*	*weiß bis rosarot*	*Juli bis August*
Frauenmantel	*Alchemilla mollis*	*gelbgrün*	*Mai bis Juli*
Goldrute	*Solidago virgaurea*	*gelb*	*Juli bis September*
Heiligenkraut	*Santolina chamaecyparissus*	*gelb*	*Juni bis August*
Indianernessel	*Monarda didyma*	*leuchtend rot*	*Juli bis August*
Johanniskraut	*Hypericum perforatum*	*gelb*	*Juli bis September*
Echte Kamille	*Chamomilla recutita*	*weiß-gelb*	*Mai bis Juni*
Mutterkraut	*Tanacetum parthenium*	*weiß-gelb*	*Juli bis September*
Gemeine Nachtkerze	*Oenothera biennis*	*hellgelb*	*Juni bis September*
Ringelbume	*Calendula officinalis*	*gelb bis orange*	*Juni bis Oktober*
Salbei	*Salvia officinalis*	*violettblau*	*Juni bis August*
Schafgarbe	*Achillea millefolium*	*weiß (Hybriden auch rot, rosa, gelb)*	*Juni bis Oktober*
Schnittlauch	*Allium schoenoprasum*	*lilaviolett*	*April bis Juni*
Wegwarte	*Cichorium intybus*	*blau*	*Juni bis September*
Weinraute	*Ruta graveolens*	*gelb*	*Juni bis August*
Ziest	*Stachys officinalis*	*rosarot*	*Juli bis August*

Der stattliche Alant *blüht im Sommer mit leuchtend gelben Strahlenblüten.*

Nicht nur wegen seiner Verwendung *ist der Eibisch als Schönheitskraut bekannt.*

Der Mond als Gärtner

Dass der Mond einen Einfluss auf das Pflanzenwachstum hat, ist allgemein bekannt. Viele Biogärtner vertrauen dieser Anbaumethode und nutzen bei der Gartenarbeit aktiv den Mondkalender. Erfolge sind, dass nach dem Mondkalender ausgesäte Pflanzen gesünder und wüchsiger sind als andere. Durch die Erdumrundung des Mondes innerhalb von 28 Tagen nähert er sich regelmäßig den Tierkreiszeichen. Jedes von ihnen lässt sich einem der vier Urelemente Erde, Feuer, Luft und Wasser zuordnen. Diese Urelemente wirken auf die Entwicklung der verschiedenen Pflanzenteile.
Durchläuft beispielsweise der Mond bei seinem Umlauf das Tierkreiszeichen Jungfrau, wirken an diesen Wurzeltagen alle Aussaat-, Pflege- und Erntearbeiten positiv auf die Entwicklung der Wurzelpflanzen. Diese Gartenarbeiten sind für Blütenpflanzen in den Tierkreiszeichen Zwilling, Waage und Wassermann, für Blattpflanzen in den Tierkreiszeichen Krebs, Skorpion und Fische, für Fruchtpflanzen in den Tierkreiszeichen Löwe, Schütze und Widder zu verrichten.
Durch die elliptische Laufbahn des Mondes um die Erde ist noch ein weiterer Einfluss zu verzeichnen, der sich aus dem Abstand zwischen Mond und Erde ergibt. Der geringste Abstand wird durch das Tierkreiszeichen Schütze und der weiteste durch das Tierkreiszeichen Zwilling bestimmt. Die Phasen zwischen ihnen charakterisieren einen ab- und zunehmenden Mond. Erfahrungsgemäß sollten Pflanzungen bei absteigenden Mond vorgenommen werden, da in dieser Zeit das Wurzelwachstum gefördert wird. Die Pflanze bildet sofort neue Wurzeln und kann die Blätter dadurch mit Nährstoffen und Wasser versorgen. Die Pflanzzeit beginnt im Zwilling und endet im Schützen. Um die genauen Aussaattage zu erfahren, kann man auf Mondkalender, die im Buchhandel zu

Geheimnisvolles Mondlicht

Tierkreiszeichen und Wirkung

Tierkreiszeichen	Urelement	Begünstigte Pflanzen
Jungfrau, Steinbock, Stier	*Erde*	*Wurzelpflanzen*
Krebs, Skorpion, Fische	*Wasser*	*Blattpflanzen*
Zwilling, Waage, Wassermann	*Luft*	*Blütenpflanzen*
Löwe, Schütze, Widder	*Feuer*	*Fruchtpflanzen*

***Erfolgsgarantie** für beste Erträge: Gärtnern nach dem Mond*

erwerben sind, zurückgreifen (z.B. „Kosmos Aussaattage"). Dabei ist darauf zu achten, dass die Aussaattage nicht astrologisch, sondern astronomisch berechnet sein sollten.

Nützlinge im Kräutergarten

Kräutergärten sind nicht nur anziehende Orte für Menschen, sondern auch für viele Tiere. Unter ihnen gibt es eine ganze Reihe von Nützlingen, die aus Pflanzenschutzsicht eine positive Wirkung besitzen.
Als Nützlinge bezeichnet man die natürlichen Gegner von Pflanzenschädlingen, wie bestimmte Insekten (Marienkäfer, Raubwanzen, Florfliegen, Raubmilben und andere), Vögel, Igel, Kröten oder Eidechsen. Um nützliche Tiere in den eigenen Garten zu locken, sollte man blütenreiche Pflanzen anbauen und ihnen Behausungen und Schlupfwinkel anbieten wie Reisighaufen. Für Vögel sollten Nistkästen bereitgestellt werden. Nützlinge bekämpfen auftretende Schädlinge wie Schnecken, Blattläuse, Weiße Fliege oder Thripse. Im Gegenzug muss der Kräutergärtner den Nutzen der Insekten erkennen und nicht alle von ihnen als Ungeziefer betrachten.
Bienen, Hummeln, Regenwürmer und Schmetterlinge bekämpfen zwar keine Schädlinge und zählen deshalb nicht zu den Nützlingen, dennoch haben sie einen wichtigen Nutzen im Garten. Regenwürmer verwerten Gartenabfälle und machen daraus wertvollen Kompost. Bienen, Hummeln und auch Schmetterlinge bestäuben die Blüten und sorgen somit für die zum Teil gewünschte Samenbildung. Das Zusammenspiel der verschiedenen Insekten und Nützlinge im Garten sorgt für ein natürliches Gleichgewicht.

Der Duft und die Blütenfarbe *des Sonnenhuts locken nützliche Insekten in den Kräutergarten.*

Bienen *sorgen für die Bestäubung der Blüten.*

Kräuter in Töpfen für drinnen und draußen

Küchenkräuter am Fenster *sorgen im Winter für die notwendigen Vitamine und verfeinern die Mahlzeiten.*

Wohnen mit Kräutern

Kräuter müssen nicht zwangsläufig nur im Garten angebaut werden, sondern können auch als duftende Zimmerpflanzen kultiviert werden. Den optischen Zierwert, den man von Zimmerpflanzen gewohnt ist, können auch viele Kräuter bieten. Dass diese Tatsache nicht unentdeckt bleibt, ist aus einigen Tendenzen des traditionellen Gartenbaus ersichtlich. Großgärtnereien und Versuchsstationen forschen bereits seit einiger Zeit an einer Nutzung von Kräutern für die Zimmerkultur.

Pflanzenauswahl Als geeignet haben sich besonders Pflanzen aus wärmeren Regionen wie dem mediterranen Raum erwiesen. Ihnen bekommt die Zimmerluft und sie beleben mit einem ähnlich dekorativen Blütenflor, wie er an Zierpflanzen vorzufinden ist. Ein entscheidender Vorteil bei Zimmerkräutern ist, dass sie durch ihr Aroma das Raumklima verbessern.
Um die Psyche im Winter zu stimulieren, können duftende Kräuter im Zimmer helfen. Bei Berührung oder dem Übersprühen mit Wasser entfalten sie ihr natürliches Aroma. Auch die Verwendung als Küchen- oder Teekraut ist möglich. Das Aroma ist jedoch nicht so ausgeprägt, wie es von Pflanzen an sonnigen Freilandstandorten bekannt ist.

Besondere Pflege Aufgrund der oft ungünstigen Bedingungen in Wohnräumen erfordert die Zimmerkultur von Kräutern einen besonders hohen Pflegeaufwand. Am empfindlichsten reagieren die Pflanzen im Winter. Hohe Temperaturen im Zimmer, der kalte Zug bei offenem Fenster und die schlechten Lichtverhältnisse wirken nicht förderlich auf die Pflanzenentwicklung. Aus diesem Grunde sollten die meisten Kräuter zumindest einen hellen Platz am Fenster erhalten. Wenn direkte Heizungsluft nicht vermieden werden kann, ist regelmäßiges Übersprühen mit Wasser zu empfehlen, um die notwendige Luftfeuchtigkeit herzustellen. Trockene Heizungsluft fördert zudem den Befall von Spinnmilben, zu erkennen an hellen Punkten auf den Blättern. Werden die Räume bei starkem Frost gelüftet, ist es ratsam, die Pflanzen aus dem kalten Luftstrom zu entfernen, da Erfrierungen an den Blättern nicht auszuschließen sind.
Die größte Fehlerquelle bei der Zimmerkultur ist jedoch zu häufiges Gießen. Es kann infolgedessen zum Wasserstau im Wurzelraum kommen, die Pflanzen erleiden Übernässungsschäden und beginnen zu kümmern. Weitere Wassergaben führen dann zum schnellen Tod. Deshalb ist bei der Innenkultur, ganz besonders im lichtschwachem Winter wichtig, nur sparsam zu gießen, da die Pflanzen sonst mit dem Verarbeiten des Wassers überfordert sind. Zugabe von Dünger sollte nur sparsam während der Wachstumsphase im Frühling und Sommer erfolgen.

In der Kastenkultur *ist auf die Verträglichkeiten der Kräuter zu achten.*

▸ Fensterkultur

Kräuter auf der Fensterbank zu halten, ist vor allem für Stadtgärtner interessant. Sie verfügen nur selten über einen eigenen Garten oder er ist für den täglichen Verbrauch zu weit entfernt. Für eine Kultur auf der Fensterbank werden durch die beschränkten Platzverhältnisse meistens Küchenkräuter verwendet, da sie am häufigsten gebraucht werden. Sowohl die Kultur in Töpfen als auch in Kästen empfiehlt sich für diese Form des Kräuteranbaus. Der Kasten, eigentlich für Blumen und Zierpflanzen gedacht, hat den Vorteil, dass den Kräutern mehr Boden zum Durchwurzeln zur Verfügung steht. Jedoch kann es wie im Garten durch unterschiedliche Wuchsfreudigkeit der einzelnen Kräuter zu Überwucherungen kommen. Um das zu vermeiden, sind schwach und stark wachsende Kräuter in getrennte Gefäße zu pflanzen. Ähnlich verhält es sich mit dem Wasserbedarf der einzelnen Pflanzen. Werden die Pflanzen mit unterschiedlichen Wasseransprüchen nicht getrennt gepflanzt, können entweder feuchtigkeitsliebende Kräuter Vertrocknungsschäden oder trockenheitsliebende Kräuter Nässeschäden erleiden. Das lässt sich vermeiden, indem entweder zwei Kästen hergerichtet werden, um die Pflanzen mit ihren unterschiedlichen Wasserbedürfnissen zu trennen, oder die Kräuter einzeln in Töpfe gepflanzt werden. Letzteres hat den Vorteil, dass auf die individuellen Bedürfnisse der einzelnen Kräuter eingegangen werden kann.
Möchte man Kräuter außen auf dem Fensterbrett anbauen, sollte man man nach kleinwüchsigen Alternativen, in Form von Sorten oder Züchtungen Ausschau halten, damit die Sicht aus dem Fenster nicht verdeckt wird. Zudem besteht die Gefahr, dass die Gefäße durch starken Wind vom Fensterbrett geweht werden und Passanten verletzen. Möchte man dennoch nicht auf diese Pflanzen verzichten, muss man die Kästen und Töpfe durch spezielle Halterungen sichern.

TIPP

Geeignete Pflanzen für die Fensterkultur sind u.a. Aloe Vera (*Aloe vera*), Ananassalbei (*Salvia elegans*), Duftgeranien (*Pelargonium*-Hybriden), Eukalyptus – (*Eukalyptus* spec.), Schnittlauch (*Allium schoenoprasum*) oder Zitronengras (*Cymbopogon citratus*).

Kräuter *als Zimmerpflanzen*

Balkongestaltung *mit Kräuterkübeln*

Kräuter auf Balkon und Terrasse

Balkon Viele Kräuterfans besitzen zwar keinen Garten, aber Balkone, die sich auch für eine Kräuterkultur eignen. Natürlich bieten sie nicht die optimalen Standortvoraussetzungen, die man in einem Garten vorfindet. Allein die Tatsache, dass man gezwungen ist, die Kräuter in Töpfen und Kübeln zu kultivieren, bedeutet mehr Pflegeaufwand, um die Pflanzenentwicklung bestmöglich zu unterstützen. Auch wenn der Balkon größer ist als eine Fensterbank, ist der Platz für die Kräuter eingeschränkt, sodass die wichtigsten Kräuter im vordergründigen Interesse stehen sollten. Dabei entscheiden wiederum die persönlichen Bedürfnisse. Gewöhnlich werden auf Balkonen Duft- und Küchenkräuter angebaut, die einerseits zur mentalen Stärkung und andererseits zur Bereicherung der Küche dienen. Bei Küchenkräutern empfiehlt sich der Anbau in Kästen, da von ihnen mehr verbraucht werden und sie sich relativ einfach pflegen lassen. Bei Duftkräutern, die weniger zum Würzen verwendet werden, bietet sich an, sie einzeln in große Töpfe oder Kübel zu pflanzen. Dadurch wird ermöglicht, dass die pflanzenspezifischen Bedürfnisse besser berücksichtigt werden können. Die Topfgröße sollte auf die Platzverhältnisse des Balkons angepasst sein, um ein ungleiches Bild zu vermeiden.

Terrasse Im Gegensatz zu Balkonen gibt es auf Terrassen mehr Platz, wodurch eine umfangreichere Gestaltung möglich wird. Besonders hier können auch größere Pflanzen, zum Beispiel Hochstämmchen, zum Einsatz kommen. Häufig wird versucht, ein mediterranes Klima zu schaffen, indem man die dazu passende Flora wählt. Viele Kräuter aus diesem Raum eignen sich für derartige Terrassengestaltungen. Zusammen mit hochwertigen Terrakottakübeln und -töpfen wird die Terrasse nicht nur zu einem Dufterlebnis, sondern auch zu einem interessanten Blickfang. Werden Tongefäße verwendet, sollte man sich bewusst sein, dass sie recht schwer sind und das beim

Rosmarin *kann eine üppige Kübelpflanze werden.*

***Viele Kräuter** besitzen dekorative Blüten wie dieser Fruchtsalbei (*Salvia buchananii*).*

Umtopfen oder anderen Pflegearbeiten größeren Aufwand hervorruft. Etwas anders verhält es sich mit Kübeln und Töpfen aus Kunststoff. Sie sind sehr leicht und im Vergleich relativ preisgünstig. Nicht nur das Gewicht und der Preis unterscheiden die Gefäße, sondern auch das Verhalten beim Gießen. Terrakotta ist ein gebrannter Ton, der für Wasser durchlässig ist. Kunststoff hingegen ist für Wasser undurchdringlich. Aus diesem Grunde können im Sommer Tonkübel oder -töpfe schneller austrocknen als Kunststoffgefäße, sodass sie häufiger gegossen werden müssen. Um den Pflegeaufwand des Gießens zu verringern, kann eine automatische Bewässerung installiert werden, die im Fachhandel erhältlich ist. Vielversprechend ist diese Anschaffung für diejenigen, die nur sehr wenig Zeit haben, sich um die Pflanzen zu kümmern. Aber auch für Pflanzen mit großen Blättern, die einen höheren Wasserbedarf haben, kann eine gesteuerte Wasserregulierung von Nutzen sein.

Umtopfen Eine wichtige Pflegearbeit in der Kübel- und Topfkultur lässt sich jedoch nicht automatisieren: Das Umtopfen. Zwar kann es bei großen Pflanzen sehr umständlich sein, aber es ist notwendig. Die verwendeten Bodensubstrate sind in der Regel torfhaltig. Durch die Pflanzenaktivitäten und Verrottungsprozesse verändert sich die Struktur so, dass immer weniger Luftporen im Boden vorhanden sind. Somit kommt weniger Luft an die Wurzeln und die Pflanzen beginnen zu kümmern. Durch das Gießen von oben setzt sich der Boden und verliert einen Teil seiner Luftporen. Erfahrungsgemäß ist ein jährliches Umtopfen ratsam. Über das Jahr kann man gelegentlich die Substratoberfläche mit den Fingern oder einem spitzen Gegenstand aufreißen, sodass der Luftaustausch verbessert wird.

TIPP

Kräuterkübel mit Dill, Fenchel, Minze, Melisse, Salbei, Thymian und anderen Duftkräutern entfalten ihr Aroma besonders nach dem Besprühen mit Wasser.

***Kräuter** in hochwertigen Terrakottagefäßen*

▸ Mediterrane Kräuter als Kübelpflanzen

Mehr als nur ein Trend ist es, seinem Balkon oder seiner Terrasse ein mediterranes Flair einzuhauchen. Dazu gehören natürlich mediterrane Kräuter, die vorrangig im Mittelmeergebiet heimisch sind. Aber auch andere Kräuter aus wärmeren Regionen dieser Welt eignen sich als Kübelpflanzen für Balkon und Terrasse. Viele dieser Pflanzen zählen zu den Halbgehölzen, da sie im unteren Bereich verholzen. Sie sind schnittverträglich und einige davon lassen sich sogar in Form schneiden. Lavendel-, Lorbeer- oder Rosmarinbäumchen sind heutzutage keine Seltenheit mehr. Sie werden wie die anderen Kräuter auf dem Balkon oder der Terrasse in Kübel oder Töpfe gepflanzt.

Pflege Aufgrund ihrer südlichen Heimat benötigen sie eine besonders intensive Sonneneinstrahlung, sodass ihnen ein sonniger Standort sicher sein sollte. Beim Wässern kann man etwas sparsamer vorgehen, da die Mehrzahl der mediterranen Kräuter von felsigen Standorten Südeuropas stammen und von Natur aus mit wenig Wasser auskommen.
Über die Jahre hinweg entwickeln sich einige mediterrane Kräuter zu stattlichen Pflanzen und können schnell 1 m in der Wuchshöhe überschreiten.

Überwinterung Da jedoch nur die wenigsten in unseren Breiten frosthart sind, muss eine frostfreie Überwinterungsmöglichkeit vorhanden sein. In den seltensten Fällen steht im Haus ausreichend Platz zur Verfügung, um üppige Kräuterpflanzen über den Winter zu bringen. Viele Gärtnereien bieten einen Überwinterungsservice an, bei dem der Fachmann auch die Pflege während der kalten Jahreszeit übernimmt. Ist allerdings ausreichend Platz vorhanden, können die Pflanzen an einem kühlen hellen Platz, der nicht wärmer als 10 °C sein sollte, überwintert werden.

Rückschnitt Bevor die Kräuter nach drinnen gebracht werden, empfiehlt sich ein Rückschnitt, der nicht zu tief im Holz ausgeführt wird. Ratsam ist es, den Rückschnitt auf krautige oder leicht verholzte Teile zu beschränken, um den Austrieb im Folgejahr nicht zu behindern. Zur gleichen Zeit im Herbst – oder alternativ im Frühjahr– lassen sich auch die frostharten Kräuter zurückschneiden.

Winterschutz In strengen Wintern kann es auch bei an sich frostharten Pflanzen zu Erfrierungen kommen, wenn der gesamte Kübel oder Topf auf dem Balkon durchfriert. Wer Frostschäden nicht riskieren möchte, sollte die Pflanzen mit einer Strohmatte, die je nach Region und Strenge des Winters zusätzlich mit trockenem Laub oder Stroh ausgefüllt sein kann, umwickeln.

TIPP

Frostharte Kräuter mit mediterranem Charakter sind Heiligenkraut, Lavendel, Salbei, Thymian, Weinraute und Ysop. Dagegen sind Ananassalbei, Lorbeer, Rosmarin, Zitronengras und Zitronenverbenen nicht frosthart.

Terrakotta-Töpfe *sorgen für mediterranes Flair.*

Kräuter anbauen & verwenden

Planung des Kräutergartens

Bevor es mit der Errichtung eines Kräutergartens losgeht, sind die Standortgegebenheiten zu bestimmen. Boden-, Klima- und Lichtverhältnisse sind äußere Einflussfaktoren, die unmittelbar auf den Standort einwirken und ihn damit charakterisieren. Bedingt durch ihre Herkunft, stellen alle Pflanzen an den Standort gewisse Ansprüche, die sie zum Gedeihen benötigen. Nicht jede Pflanze kann an jedem beliebigen Ort wachsen. Um sie dennoch anbauen zu können, sind die Standortvoraussetzungen mit den Ansprüchen der Pflanze zu vergleichen. Sich dabei ergebende Unterschiede bieten die Grundlage für anschließende Aufbereitungen oder Verbesserungen des Pflanzplatzes.

▸ Bestimmung der Standortbedingungen

Klima Mitteleuropa liegt in den gemäßigten Breiten, gekennzeichnet durch vergleichsweise mittlere Temperaturen, sowohl im Sommer als auch im Winter. Im Bergland oder östlich der Elbe ist mit strengeren Frösten zu rechnen als in westlichen Gebieten. Hervorgerufen wird die unterschiedliche Frosthärte durch den Einfluss des Atlantiks und dem damit verbundenen milderen maritimen Klima. Befindet man sich in einer relativ kalten Region, eignet sich nicht jede Pflanze für den Kräutergarten, sondern müsste im Zweifelsfall im Kübel gezogen und im Haus überwintert werden.

Licht Eine wichtige Rolle bei der Standortwahl spielen die Lichtverhältnisse. Sonnige, nach Süden ausgerichtete Standorte, sind für den Kräuteranbau am besten geeignet, da die Sonneneinwirkung für die Bildung der Inhaltsstoffe notwendig ist. Bäume oder Gebäude können störend wirken, wenn sie zu viel Schatten werfen und an die Pflanzen kaum noch Sonne kommt. Vor der Pflanzung ist deshalb der Lauf der Sonne zu beobachten, um festzustellen, wie der Schatten wandert und welcher Standort demnach am sonnigsten ist.

Blatt- und Fruchtfall Der natürliche Bewuchs durch Bäume und Sträucher beeinflusst neben den Lichtverhältnissen auch viele biologische Faktoren. Der Blatt- und Fruchtfall vieler Laubgehölze dient Tieren als Nahrungsquelle im Winter und fördert die Humusbildung auf dem Kompost.

Boden Ein weiterer wichtiger Faktor für die Pflanzenkultur ist der Boden. Er unterscheidet sich von Region zu Region und dem vorherrschenden Bewuchs. Durch das vorhandene Gestein, zum Beispiel Basalt oder Granit, wird der pH-Wert des Bodens beeinflusst. Für die meisten Pflanzen ist ein neutraler pH-Wert optimal, d. h. er sollte weder zu sauer noch zu kalkhaltig sein und in einem Bereich von 6,5 bis 7,5 liegen.

Genauso wichtig ist die Bodenstruktur, die in sandig, sandig-lehmig und tonig-lehmig unter-

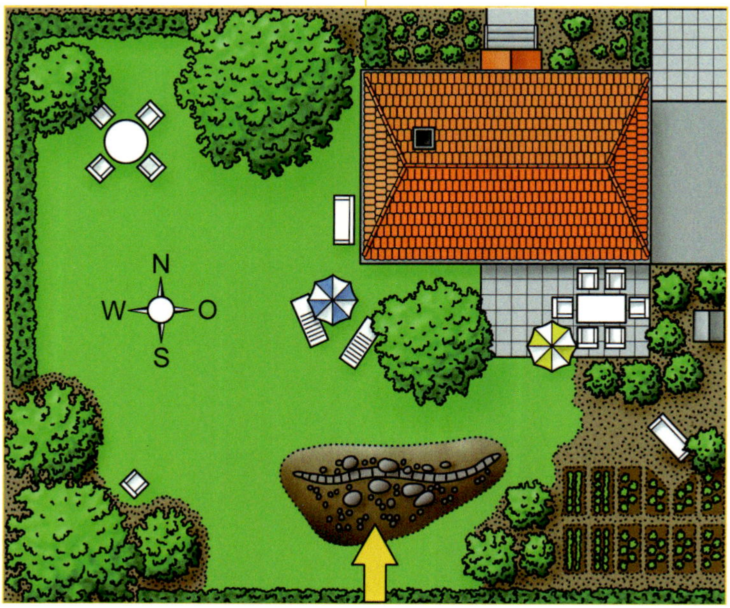

***Eine kleine Buchsbaumhecke** trennt das Kräuterbeet vom restlichen Garten ab. Angelegt in der Nähe einer Terrasse, werden gemütliche Sommerabende zum Dufterlebnis.*

Kräuter, *wie Salbei, Lavendel oder Weinraute bilden auf armen Böden die besten Aromen.*

Ausreichend viel Sonne *bekommt der Kräutergarten, wenn er nicht durch Bäume oder Gebäude behindert und idealerweise südlich angeordnet wird.*

TIPP

Die Bodenart lässt sich feststellen, indem man etwas Boden in der Hand zu einer Rolle formt. Fällt die Probe auseinander, ist es ein sandiger Boden. Fühlt sie sich tonig an und lässt sich kneten, handelt es sich um einen schweren Lehmboden. Geht der Boden leicht auf, fällt aber nicht auseinander, hat der Boden eine sandig-lehmige Struktur, die sich am besten für die Kräuterkultur eignet. Größte Genauigkeit bieten Laboruntersuchungen in Landwirtschaftskammern und Versuchsanstalten.

schieden werden kann. Am besten eignen sich für den Kräuteranbau sandig-lehmige Böden, da sie einen guten Nährstoff- und Wasserhaushalt besitzen und sich im Frühjahr relativ schnell erwärmen. Leichte sandige Böden können im Sommer austrocknen und Pflanzen schädigen. Im Gegensatz dazu kommt es bei schweren lehmigen Böden nach starken Regenfällen oder schneereichen Wintern häufig zu Staunässe. Dadurch wird die rasche Bodenerwärmung im Frühjahr gehemmt und es kann aufgrund von Übernässung und fehlendem Luftaustausch zu Wurzelfäulnis kommen, wodurch die Pflanzen sich nicht richtig entwickeln können und geschädigt werden.
Aus den Erkenntnissen der Standortbegutachtung lassen sich Verbesserungsmöglichkeiten ableiten, die im Nachhinein viel Mühe ersparen.

Arbeitsgeräte

Um die im Garten anfallende Arbeit körperschonend und schnell erledigen zu können, sollte jeder Gartenbesitzer über eine Grundausstattung bestimmter Arbeitsgeräte verfügen.

Bodenbearbeitung Zu den wichtigsten Gartenarbeiten zählt die Bodenbearbeitung. Hierfür werden eine Grabegabel oder ein Spaten benötigt, die für das Umbrechen von Bodenschichten notwendig sind. Grubber, Kultivator und Vierzahn dienen der feineren Bodenbearbeitung, indem sie zur Lockerung durch den Boden gezogen werden, ohne ihn dabei zu wenden. Um die Bodenoberfläche zu glätten oder zu krümeln, können Fächerbesen, Gartenwiesel, Rechen oder Sternfräse verwendet werden. Sie dienen dazu grobschollige Erdstücke nach einer tiefgründigen Bodenbearbeitung zu zerkleinern und die Oberfläche einzuebnen. Nach dem Winter können sie eingesetzt werden, um das vorschnelle Austrocknen durch Verdunstung des Bodens zu verhindern.

Unkraut Keimendes Unkraut kann mittels Gartenkralle, Hacke, Schuffel oder speziellen Stechwerkzeugen beseitigt werden. Sie werden nur flach an der Bodenoberfläche geführt und trennen den Wildwuchs von seinen Wurzeln. Diese schonende Methode wirkt jedoch nur bei Einjährigen und nicht bei Wurzelunkräutern.

Pflanzung Bei der Beetanlage sind gerade Linien erwünscht, sodass eine Gartenschnur zur genauen Ausrichtung nötig ist. Für die Pflanzung kommen mehrere Werkzeuge in Frage, je nachdem, was gepflanzt werden soll. Für getopfte Pflanzen reicht gewöhnlich eine Pflanzschaufel aus. Für Jungpflanzen eignet sich am besten ein Pflanzer, mit dem die Pflanzlöcher ins Beet gestochen werden.

Pflegearbeiten Für Ernte oder Rückschnitt sind Messer oder Gartenscheren unerlässlich sowie ein Korb für das Sammeln des Ernteguts.

Über eine Grundausstattung *der wichtigsten Arbeitsgeräte sollte jeder Hobbygärnter verfügen.*

Grabegabel, Hacke und Spaten *dienen der Bodenbearbeitung.*

Pflanzenauswahl und -beschaffung

Vor einigen Jahren war die Pflanzenauswahl und deren Beschaffung noch relativ schwierig. Nur wenige Spezialgärtnereien boten damals Heil- und Gewürzkräuter an. Mit dem zunehmenden Interesse der letzten Jahre und dem ausgeprägteren Gesundheitssinn hat sich das Bild gewandelt und die meisten Gartenfachmärkte und Gärtnereien bieten Kräuter in einem Standardsortiment an. Schwieriger ist es schon, ausgefallene oder seltene Kräuter zu finden. Spezialisierte Kräutergärtnereien führen sehr umfangreiche Sortimente, die zum Teil mehr als 500 verschiedene Kräuter beinhalten und somit für jeden Geschmack etwas bieten.

Beim Kauf ist darauf zu achten, dass die Pflanzen gesund sind, eine gute Qualität haben und möglichst aus der Region stammen, da sich klimatische Unterschiede beispielsweise auf die Frosthärte auswirken. Eine gute Durchwurzelung des Ballens mit vielen weißen Wurzeln spricht dafür, dass sich die Pflanzen im Kräutergarten gut entwickeln können.

Kräuter in torfhaltigen Erdsubstraten, wie sie vielfach in Verbrauchermärkten zu finden sind, haben es im Garten nicht immer leicht. Werden Kräuter aus dem Torfballen in sandigen Lehm ausgepflanzt, müssen sie anfangs stärker gegossen werden, um ein schnelles Anwachsen zu sichern. Beim Pflanzenkauf sollte man sich am besten von fachkundigen Kräutergärtnern beraten lassen, da sie über genügend Erfahrung verfügen und den einen oder anderen wertvollen Tipp geben können.

TIPP

Kräuter aus der Region sind das heimische Klima gewohnt und können sich im eigenen Garten schneller entwickeln.

Kräuter werden heute *in einer großen Vielfalt angeboten.*

Kräutergärtner *bieten ihre Pflanzen in der Gärtnerei und auf Märkten an.*

Bodenvorbereitung

Nach einer grundlegenden Planung kann es tatkräftig zum Anlegen eines Kräutergartens gehen. Allem voran steht die Bodenvorbereitung. Der Zweck dieser Arbeit ist, den Boden so herzurichten, dass er sich für den Pflanzenanbau eignet. Abgesehen von einigen Ausnahmen wünschen Kräuter tiefgründige Böden, die über eine hohe Durchlässigkeit und einen guten Nährstoff- und Wasserhaushalt verfügen. Jedoch ist nicht jeder Gartenboden optimal, sodass er entweder durch bodenvorbereitende Arbeitsmaßnahmen hergerichtet oder durch Zusatzstoffe wie Humus, Kompost oder Sand verbessert werden muss.

Umgraben *ist eine mühevolle Bodenbearbeitung, die im Herbst oder Frühjahr verrichtet wird.*

▸ Bodenbearbeitung während des Jahres

Wird ein Kräutergarten neu angelegt, empfiehlt es sich, den Boden mit einer Grabegabel oder einem Spaten umzugraben. Dabei werden Erdschollen abgestochen und umgeworfen. Die ehemalige Bodenoberfläche, bei einer Wiese durch die Grasnarbe erkennbar, kommt dadurch nach unten. Das Gras wird bereits nach kurzer Zeit von Mikroorganismen verarbeitet und es entsteht Humus. Das Umwerfen hat eine tiefenlockernde Wirkung. Jedoch sollte das Umgraben nicht jährlich durchgeführt werden, da sich an der Bodenoberfläche Mikroorganismen ansiedeln, die in tieferen Erdschichten nicht leben könnten und das natürliche Gleichgewicht gestört werden würde. Umgegraben wird entweder im Frühjahr oder im Herbst. Wird die Arbeit nach Abschluss der Vegetation im Herbst verrichtet, so hat man den Vorteil, dass sich die Bodenkrume durch Frosteinwirkung im Winter verbessert. In feuchten Gebieten ist der umgegrabene Boden durch Mulch abzudecken, um ein Verschlämmen der Bodenoberfläche zu vermeiden. Wird erst im zeitigen Frühjahr umgegraben, sollte man dem Boden Zeit zum Setzen geben. Um die Oberfläche bepflanzbar zu machen, muss sie geglättet werden. Gartenwiesel, Grubber oder Rechen sind dafür die üblichsten Werkzeuge. Dieser Arbeitsgang wird gewöhnlich sofort nach dem frühjährlichen Umgraben durchgeführt. Handelt es sich um ein bereits genutztes Beet, werden vor dem Pflanzen die Reste des vorhergehenden Jahres mit einer Harke beseitigt. Zur Lockerung nach dem Winter kommt dem Gartenwiesel und dem Sauzahn eine besondere Bedeutung zu. Nachdem der Boden eine feinkrümelige Struktur besitzt, ist er aussaat- und pflanzbereit.

Wurzelunkräuter *müssen vor Aussaat oder Pflanzung aus dem Kräuterbeet entfernt werden.*

TIPP

Keimende Unkräuter sind bereits im jungen Stadium zu entfernen, um eine weitere Verbreitung zu vermeiden.
Positiver Nebeneffekt ist, dass die Bodenfeuchtigkeit durch das Lockern der obersten Bodenschichten erhalten bleibt.

Bodenverbesserungen

Nicht jeder Gartenboden bietet trotz umfangreicher Bodenbearbeitung beste Voraussetzungen für den Kräuteranbau. Aus diesem Grunde sind Maßnahmen zur Bodenverbesserung sehr wichtig.

Leichte Böden Zu leichte Böden lassen sich zwar gut bearbeiten, doch die eingesparte Zeit wird im Sommer durch häufiges Gießen wieder eingebüßt. Um den Nährstoff- und Wasserhaushalt zu verbessern, kann man Humus oder Kompost in den Gartenboden einmischen. Am besten gelingt dies während des Umgrabens oder Lockerns des Bodens. Durch diese Zusatzstoffe können sich Mikroorganismen besser entwickeln und die biologische Aktivität des Bodens wird gesteigert. Da diese organischen Stoffe im Sandboden relativ schnell verarbeitet werden, sollte diese Arbeit jährlich wiederholt werden, wenn man keine Ernteeinbußen riskieren möchte. Zusätzliches Düngen mit organischen Präparaten ist besonders auf leichten Böden angebracht. Um Auswaschungen zu vermeiden, sollte der Dünger entsprechend der Fläche dosiert aufgebracht werden.

Schwere Böden Wegen ihres hohen Tongehaltes neigen schwere Böden leicht zu Staunässe, sodass Pflanzenwurzeln ernsthaft geschädigt werden. Diese Vernässungsgefahr besteht vor allem nach starkem Regen oder schneereichen Wintern. Sie lässt sich vermeiden, indem Drainagematerialien eingearbeitet werden. Grober Sand ist das gebräuchlichste Mittel, um die Durchlässigkeit zu erhöhen. Zum Einarbeiten wird auf den Boden eine Sandschicht aufgetragen und anschließend umgegraben oder intensiv eingeharkt.
Tonhaltige Erde benötigt nicht unbedingt Humus- oder Kompostgaben, da sie bereits über ausreichend Speicherfähigkeit verfügt.

***Bevor ein Boden bereit ist** für Aussaat oder Pflanzung, muss er umgegraben werden.*

***Schwere Böden** können durch die Einarbeitung von Sand verbessert werden.*

Neuanlage

Bei der Anlage des Kräutergartens gibt es viele Gestaltungsmöglichkeiten, die sich nach dem vorhandenen Platz und dem bezweckten Anbau richten. Als späterer Kräutergarten sollte eine sonnig gelegene Stelle dienen. Es bietet sich an, die Kräuter nicht querbeet zu pflanzen, sondern vor der Neuanlage einen Gartenplan zu zeichnen. Hierbei werden Beete und Wege so geplant, wie es am arbeitswirtschaftlichsten erscheint. Auch die Pflanzen können bereits auf dem Plan günstig angeordnet werden. Dieser Gartenplan dient als Leitfaden bei der Kräutergartenanlage und hilft von vornherein Fehlerquellen oder spätere aufwändige Veränderungen zu vermeiden.
Die Neuanlage eines Kräutergartens oder eines Beetes sollte im Herbst oder Frühjahr erfolgen.

▸ Anlage eines Beetes

Um den Beeten eine bestimmte Form zu geben, werden sie mit Stöckchen und einer Gartenschnur abgesteckt. Die Eckpunkte werden durch die Stöcke gekennzeichnet. Diese werden anschließend mit einer gespannten Schnur verbunden, wodurch die zukünftige Beetform entsteht. Falls das Beet noch nicht mit der eigentlich gewünschten Form übereinstimmt, können die Stöckchen ohne Probleme so gerückt werden, dass die genaue Beetform entsteht. Gerade Beete sollten nicht breiter als 1 m sein, da ansonsten Pflanz- und Pflegearbeiten nur unnötig erschwert werden. Durch die Abgrenzung des späteren Kräuterbeetes ist es möglich, alle folgenden Arbeitsmaßnahmen auf diese Stelle zu konzentrieren. Nachdem die Beetform feststeht, folgen bodenvorbereitende Maßnahmen. Wird der Kräutergarten auf einer ursprünglichen Wiese angelegt, muss die Grasnarbe durch Umgraben nach unten umgeworfen werden. Als geeignetes Arbeitsgerät ist der Spaten zu empfehlen, da seine scharfe Kante am besten das Gras durchtrennt. Damit der Beetrand sauber umsäumt bleibt, ist vor der Bodenbearbeitung mit dem Spaten der Rand zu umstechen. Nach dem Umgraben wird die Oberfläche mit Rechen oder Gartenwiesel eingeebnet und geglättet. Zur Verbesserung der Bodenqualität kann man einen Bodenaustausch vornehmen. Dabei wird die obere Bodenschicht von 30 bis 40 cm aus dem Beet herausgenommen und durch gesunde Muttererde oder Kompostboden ersetzt.
Kräutergärten in niederschlagsreichen Regionen haben häufig das Problem, dass das Wasser nicht schnell genug ablaufen kann und

*1. **Der Grundriss** des Beetes wird mit Hilfe von kleinen Stöcken und einer Schnur abgesteckt.*

*2. **Anschließend wird die Grasnarbe** nach unten umgeworfen und die Erde mit einem Rechen geglättet.*

*3. **Bevor das Beet bepflanzt wird**, können Steine als Abgrenzung oder Unterteilung eingesetzt werden.*

Dicht bewachsenes Kräuterbeet *mit einer Kräuterhecke als Einfassung und Klinkerwegen*

es zu Wurzelschäden an den Pflanzen kommt. Dafür bietet sich eine Drainage im Untergrund an. Eine Schicht von groben Steinen, zum Beispiel kalkarmer Ziegelschutt, wird in einer Tiefe von 30 bis 50 cm als Untergrund errichtet. Durch die grobe Struktur wird Oberflächenwasser schneller abgeleitet und Übernässungen werden vermieden. Auf diese Schicht wird guter Kompost- oder Mutterboden gefüllt. Als Abgrenzung zum benachbarten Rasen können Holz-, Kunststoff- oder Steinmaterialien verwendet werden. Sie grenzen das Beet vom Rasen oder den späteren Wegen ab und verhindern ein Einwachsen anderer Pflanzen. Die gebräuchlichste Einfassung sind jedoch verholzende Kräuter, die zu einer Kräuterhecke gesetzt werden. Werden große Beete gestaltet, sollte man Trittsteine einplanen, um auch schwer zugängliche Kräuter zu erreichen. Der Abstand zwischen ihnen ist so groß zu wählen, dass er der jeweiligen Schrittgröße angepasst ist.

▸ Wegebau

Um den Kräutergarten begehbar zu machen, ist die Anlage von Wegen notwendig. Ihre Anordnung und Form richtet sich nach der jeweiligen Gestaltung; sie können gerade, kurvig oder kreisrund angelegt werden. Als Belag hat sich Rindenmulch bewährt. Unkrautwuchs wird durch einfaches Mulchen unterdrückt und die Bodenfeuchtigkeit bleibt erhalten.
Kieswege unterdrücken das Unkraut zwar nicht, jedoch lässt es sich einfach durch die grobe Struktur des Kieses ziehen und entfernen. Die Verwendung von Wegeplatten ist beim Bau etwas mühevoll, da ein Sandbett als Untergrund angelegt werden muss, um die Stabilität zu gewährleisten.

TIPP **Verwendete Wegeplatten sollten eine raue Oberfläche besitzen, um bei feuchtem Wetter ein gefährliches Ausrutschen zu vermeiden.**

Direktaussaat im Freiland

Ist das Beet angelegt und der Boden vorbereitet, kann mit dem eigentlichen Kräuteranbau begonnen werden. Die einfachste Variante ist die Direktsaat ins Freiland. Bei dieser Methode werden die Kräutersamen direkt in das vorbereitete Kräuterbeet gesät. Voraussetzung sind frostfreie Temperaturen, wobei jedes Kraut andere Temperaturansprüche besitzt. Besonders ausschlaggebend ist die Bodentemperatur, die je nach Witterung ab April oder Mai für Aussaaten hoch genug ist. Wärmeliebende Pflanzen, zum Beispiel Basilikum, sollten erst nach der letzten Frostgefahr im Mai ins Freiland gesät werden, um mögliche Erfrierungen oder Kälteschäden zu vermeiden.

▸ Aussaatbereiter Boden

Nachdem im Herbst oder im Frühjahr die Beete tiefgründig durch Umgraben oder Lockern bearbeitet wurden, hat sich der Boden wieder gesetzt und sich das Bodenleben stabilisiert. Zu erkennen ist das aktive Bodenleben u.a. an der Tätigkeit der Regenwürmer. Sollten bereits seit der letzten Bearbeitung des Bodens neue Unkräuter gekeimt sein, sind diese unbedingt zu entfernen. Meistens handelt es sich dabei um einjährigen Wildwuchs, der sich durch Unmengen von Samen vermehrt und die eigentlichen Nutzkräuter verdrängt. Mit einer Hacke oder einem Schuffel bewaffnet, werden die Unkräuter flach über dem Boden von der Wurzel getrennt und anschließend auf dem Kompost entsorgt. Positiver Nebeneffekt der Unkrautbeseitigung ist, dass durch das Lockern der obersten 2 bis 3 cm des Bodens die Verdunstung reduziert wird und die Bodenfeuchtigkeit der tieferen Schichten erhalten bleibt.
Für eine gute Entwicklung der Keimlinge ist eine feinkrümelige Struktur notwendig. Grobscholliger Boden eignet sich weniger gut, da er nur schlecht belüftet ist und die zarten Pflanzenwurzeln ihn kaum durchdringen können. Grobe Erdschollen lassen sich entweder mit einer Hacke oder einem Spaten zerkleinern, jedoch wird dadurch noch nicht die notwendige fein-

1. Mit der Freilandaussaat kann begonnen werden, wenn die Schollen nicht mehr an den Stiefeln kleben. 2. Bei der Reihensaat werden die Samen einzeln hintereinander in Saatrillen gelegt bzw. gestreut. Als Hilfsmittel dient die Samentüte oder eine geknickte Postkarte. 3. Nach der Aussaat bedeckt man die Samenkörner dünn mit Erde. Faustregel: doppelt so dick wie das Samenkorn. 4. Anschließend wird der Boden mit einer Gießbrause vorsichtig angegossen. Bis zur Keimung darf er nicht austrocknen. 5. Nach dem Auflaufen der Saat müssen zu dicht stehende Sämlinge ausgezupft werden.

krümelige Struktur erreicht. Grubber oder Gartenwiesel sind für diese Arbeit besser geeignet. Große Unebenheiten im Boden sind mittels Rechen auszugleichen, da sich in Löchern Pfützen bilden können, in denen Staunässe entsteht.

▸ Flächen-, Reihen- oder Horstsaat

Ist der Boden vorbereitet, kann man mit der Direktaussaat beginnen.

Flächensaat Hier wird ein Kraut über eine größere Fläche, beispielweise breitwürfig, ausgesät. Der Vorteil dieser Aussaatmethode ist, dass sie sehr schnell geht und das Kraut auf einer Fläche konzentriert ist. Jedoch gestalten sich die anschließenden Pflegearbeiten etwas schwieriger, da die Kräuter größere Büsche bilden und deshalb Unkraut jäten oder Rückschnitt sehr mühsam werden.

Horstsaat Bei dieser Aussaatform werden einige wenige Samen zusammen in einem Horst ausgesät (vgl. Zeichnung). Diese Art der Aussaat eignet sich vor allem für Thymian, Oregano, Rucola oder andere Kräuter, die man als Tuffs kultivieren möchte.

TIPP

Bei zu dichter Aussaat können die auflaufenden Keimlinge schnell von Pilzen befallen werden, an denen auch benachbarte Pflanzen erkranken können. Vermeiden lässt sich die Erkrankungsgefahr durch Einhalten der Pflanzabstände.

Reihen-, Horst- und Flächensaat *(von links nach rechts)*

Reihensaat Am leichtesten gehen die Pflegearbeiten bei der Reihensaat von der Hand, da die Nutzpflanzen in Reihen angeordnet sind. Besonders die Unkrautbeseitigung mit Hacke oder Schuffel lässt sich gut bewältigen. Um gerade Reihen zu erhalten, werden entlang gespannter Schnüre die Saatrillen gezogen.

Ausbringung der Samen Bei der Direktsaat ist auf ausreichend Abstand zwischen einzelnen Samenkörnern zu achten. Werden die Abstände zu klein gewählt, müssen sie nach dem Keimen durch Vereinzeln vergrößert werden. Sind die Samen ausgestreut, werden sie anschließend mit Erde bedeckt. Als Faustregel sagt man, dass doppelt so viel Erde den Samen bedecken soll, wie der Samen dick ist.

Danach muss man das Kräuterbeet vorsichtig angießen, um die zur Keimung notwendige Feuchtigkeit zu gewährleisten. Das Angießen mit dem Wasserschlauch ist nicht zu empfehlen, da der frische Boden verschlämmen kann. Besser ist es, das Beet mit feinen Düsen am Schlauch oder einer Gießkanne mit Brausekopf zu wässern.

Als keimungsfördernd haben sich flache Abdeckungen erwiesen. Dabei werden die Beete mit Verfrühungsfolie überzogen. Neben einer Bodentemperaturerhöhung wird der Boden so gleichermaßen vor starkem Regen und Austrocknung geschützt.

Eine Alternative zur herkömmlichen Aussaat bieten so genannte Saatbänder. Die im Boden verrottenden Papierbänder enthalten im richtigen Pflanzabstand Samen verschiedener Pflanzen. Bei deren Verwendung spart man Pflegemaßnahmen, wie das Vereinzeln zu eng stehender Keimlinge.

Saatbänder *lassen sich einfach ins Beet verlegen.*

Anzucht in Saatkisten

Wenn die Temperaturen noch zu kühl für eine Direktsaat ins Kräuterbeet sind, besteht die Möglichkeit, die Samen früher als geschützte Vorkultur auszusäen. Die dabei heranwachsenden Jungpflanzen können später in den Kräutergarten ausgepflanzt werden. Voraussetzung für eine Vorkultur ist ein heller und gleichmäßig warmer Ort, an dem die Samen keimen können. In den meisten Fällen wird ein kleines Gewächshaus, eine Fensterbank in der Wohnung oder der Wintergarten genutzt.
Diese frühe Anzucht ist nicht nur bei Kräutern üblich, sondern es lassen sich auch sämtliche Gemüse- und Sommerblumenarten auf diese Art anziehen.

Aussaat in der Vorkultur:
1. Saatschalen füllen und befeuchten
2. Samen breitwürfig ausstreuen
3. Dünn mit Sand übersieben
4. Saatschale mit Wasser besprühen
5. Als Verdunstungsschutz mit Haube abdecken

Pikieren:
1. Sämlinge nicht zu früh vereinzeln
2. Mit Pikierholz die Sämlinge herauslösen
3. Jungpflanzen in neue Schale einsetzen
4. Vorsichtig angießen

▸ Vorbereitung für die Vorkultur

Voraussetzung für eine erfolgreiche Vorkultur ist ein heller und möglichst gleichmäßig warmer Platz. Der optimale Temperaturbereich liegt zwischen 15 und 20 °C. Höhere Temperaturen bewirken zwar eine rasche Keimung, durch den jahreszeitlichen Lichtmangel kann es aber zu Pilzerkrankungen kommen. Zur genauen Messung empfehlen sich Erdthermometer, die der Bestimmung der Bodentemperatur dienen.
Gewöhnlich beginnt man mit der Vorkultur Mitte oder Ende Februar. Wenn keine Fröste mehr zu befürchten sind – meist im Lauf des Aprils – und die Jungpflanzen ausreichend abgehärtet und groß sind, lassen sie sich ins Freiland pflanzen.
Das größte Problem bei der frühen Aussaatmethode ist, wie bereits erwähnt, der Lichtmangel. Durch ihn sind die jungen Sämlinge anfällig, da sie sich nicht optimal entwickeln können. Durch die Forschung ist es möglich, das fehlende Sonnenlicht durch spezielle Pflanzenleuchten zu ersetzen. Sie sind im Fachhandel zu erwerben.
Als Kulturgefäße werden entweder Saatschalen oder Töpfe verwendet. Sie müssen sauber und möglichst keimfrei sein. Im Vorjahr verwendete Gefäße können mit 40 bis 60 °C heißem Essigwasser gesäubert und entkeimt werden. Abzugslöcher am Boden sind unerlässlich, um einen möglichen Wasserüberschuss abfließen zu lassen. Große Samen kann man einzeln in Multitopfpaletten aussäen. Diese

***Kräuterjungpflanzen** in der Anzucht*

***Im Gewächshaus** wachsen die Jungpflanzen schneller.*

haben den Vorteil, dass man die Pflänzchen nicht vereinzeln muss, sondern später ohne pikieren ins Beet auspflanzen kann. Als Substrat wird nährstoffarme Aussaaterde verwendet. Sie ist in abgepackten Säcken im Gartenfachhandel erhältlich. Herkömmliche Blumenerde ist in der Regel vorgedüngt und behindert dadurch die erfolgreiche Keimung. Bei Bedarf lässt sich auch ein Aussaatsubstrat selbst herstellen, indem Sand, Torf und Gartenerde aus der oberen Bodenschicht in gleichen Teilen miteinander vermischt werden.

▸ Die Aussaat

Die sauberen Schalen oder Töpfe werden vor der Aussaat bis unter den Rand mit Substrat gefüllt. Anschließend wird die Oberfläche geglättet, leicht angedrückt und mit Wasser überbraust. Nach kurzer Zeit ist die Oberfläche etwas abgetrocknet, sodass sie sich besser bearbeiten lässt. Die Samentüte wird zwischen Daumen und Mittelfinger genommen, damit der Zeigefinger leicht auf die Tüte klopfen kann. Durch das leichte Klopfen rollen die Samen einzeln aus der Tüte. Der Abstand ist abhängig von der Samengröße. Empfohlen wird normalerweise ein Abstand von ca. 1 cm. Sind die Samen gleichmäßig auf dem Substrat verteilt, sollten sie hauchdünn mit Aussaaterde oder Sand übersiebt werden.

Zu unterscheiden ist zwischen Licht- und Dunkelkeimern. Letztere benötigen Dunkelheit, um keimen zu können. Schon ein einfaches Überlegen von Zeitungsblättern bringt den gewünschten Erfolg. Das fertige Aussaatgefäß ist nochmals mit Wasser vorsichtig zu übersprühen, um die Oberfläche zu befeuchten. Damit ein feuchtwarmes Klima entsteht, werden die Schalen und Töpfe mit einer durchsichtigen Folie oder Glasscheibe abgedeckt.

Wer möchte, kann auf fertige Minigewächshäuser aus dem Fachhandel zurückgreifen. Wenn die Pflanzen die ersten Keimblätter zeigen, kann die Temperatur etwas gesenkt und das Gefäß gelüftet werden. Dadurch werden die Pflanzen langsam abgehärtet. In der folgenden Zeit ist auf ausreichende Bodenfeuchtigkeit zu achten.

Pflanzen aus der Vorkultur

Wenn die Pflanzen gekeimt sind, beginnt der schwierigste Teil der Vorkultur. Die zarten Keimlinge sind sehr anfällig für Krankheiten, besonders für Pilzkrankheiten. Dunkle, feuchte und warme Orte sind für die jungen Pflanzen nicht geeignet, da sie sich nicht ausreichend abhärten können und ihre gesunde Entwicklung eingeschränkt wird. Um sie dennoch zu robusten Gewächsen für den Garten zu kultivieren, müssen sie durch weiterführende Pflegemaßnahmen unterstützt werden.

▸ Vereinzeln (Pikieren)

Als eine wichtige fortführende Pflegearbeit ist das Vereinzeln zu betrachten. Durch breit würfige oder enge Aussaat kann es zu engen Standräumen kommen. Die Jungpflanzen behindern sich gegenseitig in ihrer Entwicklung, da sie nicht über genügend Platz verfügen. Zudem führen enge Standräume eher zu einem Pilzbefall, da beim Gießen das Wasser auf den Blättern nicht schnell genug abtrocknen kann und pilzliche Erreger beste Verbreitungsmöglichkeiten geboten bekommen. Um den Standraum zu erweitern, ist es notwendig, die Pflanzen zu pikieren.
Je nach Pflanzenart reicht einmaliges Vereinzeln nicht aus, sodass üppig wachsende Pflanzen zweimal pikiert werden müssen.
Für diese Arbeit benötigt man größere Gefäße, die mit Vermehrungserde gefüllt und danach mit Wasser überbraust werden. Nach dem Überbrausen sollte man das Substrat etwas trocknen lassen, damit das nasse Substrat nicht am Pikierholz hängen bleibt.
Im Allgemeinen wird 3 bis 5 Wochen nach der Aussaat pikiert. Der beste Zeitpunkt dafür ist, wenn

***Pflanzen** sollten nur ins vorbereitete Kräuterbeet gesetzt werden.*

***Auspflanzen von Kräutern**:*
1. Pflanze aus dem Topf lösen
2. Topfballen leicht abkrümeln
3. Pflanze in gleicher Höhe in das Pflanzloch einsetzen
4. Hohlräume mit Boden auffüllen und andrücken

die ersten richtigen Blätter nach den Keimblättern an der Pflanze erscheinen. Die Keimblätter werden zuerst gebildet, sie machen den Keimling aus und haben meist eine andere Form als die später erscheinenden Blätter.
Mit einem Pikierstab wird ein Loch in das Vermehrungsgefäß gebohrt. Anschließend werden die Jungpflanzen vorsichtig aus der Aussaatschale herausgenommen, ohne die Wurzeln zu verletzen. Stellt man an den Pflanzen lange Wurzelfäden fest, schneidet man sie mit einer Schere ein Stück kürzer. Dieser Schnitt bewirkt eine Förderung des Wurzelwachstums, das für die Pflanzenentwicklung unerlässlich ist. Die Jungpflanze wird in das vorgebohrte Loch umgesetzt und am Rand leicht angedrückt. Größere Lufträume sind im Wurzelbereich zu vermeiden, um eine gute Versorgung mit Wasser und Nährstoffen zu gewährleisten. Zwischen den einzelnen Pflanzen sollten je nach pflanzentypischer Wuchsfreudigkeit Abstände von 2 bis 3 cm eingehalten werden. Sind alle Pflanzen umgesetzt worden, werden sie vorsichtig angegossen.

***Gesunde Pflanzen** aus der Vorkultur – fertig für die Pflanzung*

▸ Abhärten und Auspflanzen der Jungpflanzen

Abhärtung Bevor die Jungpflanzen ins Freiland ausgepflanzt werden können, müssen sie abgehärtet werden. Diese Maßnahme ist notwendig, um die noch weichen Pflanzen langsam an die rauen Bedingungen im Freiland zu gewöhnen. Pflanzt man sie sofort aus, würden sie durch äußere Einflüsse wie Kälte, starke Sonnenstrahlung oder Winde schwere Schädigungen erleiden. Aus diesem Grund sollte man die Pflanzen in mehreren Schritten an das Freilandklima gewöhnen, indem man die Umgebungstemperatur immer mehr senkt.
Pflanzung Haben sich die Jungpflanzen stabilisiert, können sie je nach Witterung ins vorbereitete Kräuterbeet ausgepflanzt werden. Das Auspflanzen erfolgt in der Regel im April, sobald kaum noch Frostgefahr besteht. Mit dem Pflanzer werden die Pflanzlöcher vorbereitet, in die anschließend die pikierten Kräuter gesetzt werden. Sie werden mit dem Finger oder dem Pikierholz vorsichtig aus dem Gefäß herausgenommen und ebenso vorsichtig in das Pflanzloch gesetzt und die Erde angedrückt. Gleichzeitig kann man lange Triebe etwas einkürzen, wodurch ein buschigeres Wachstum gefördert wird. Als Letztes werden die gesetzten Jungpflanzen noch mit der Gießkanne angegossen.

TIPP

Übermäßiges Gießen und starke Bodenfeuchtigkeit in der Vorkultur fördert das Auftreten von Pilzkrankheiten. Die Wassergaben sind dem Entwicklungsstand der Jungpflanzen anzupassen.

Die wichtigsten Pflegearbeiten

Wenn die Sonnenstrahlung und die Temperaturen zunehmen, beginnt damit die Entwicklung und das Wachstum der Kräuterpflanzen. Damit die Pflanzen sich möglichst ertragreich entwickeln, kommt man um einige Pflegearbeiten nicht umhin. Sie sind natürlich nicht so aufwändig und anspruchsvoll, wie die, die in der Anzucht oder Vorkultur anfallen.

Giersch *ist ein hartnäckiges Wurzelunkraut.*

Über Wurzelrhizome *vermehrt sich die Quecke.*

Frühzeitige Unkrautbekämpfung

Nicht nur die Kräuter, sondern auch die Unkräuter profitieren vom wärmeren Wetter. Unmengen von Samen verschiedenster Unkräuter befinden sich im Boden. Zum Teil beginnen sie erst nach Jahren zu keimen und treten dann in direkte Konkurrenz zu unseren Nutzpflanzen. Zumeist besitzt der Wildwuchs eine stärkere Wuchsfreudigkeit und entzieht dem Boden mehr Wasser und Nährstoffe, die sonst den Kräutern zukommen könnten. Aussaaten und Jungpflanzen werden besonders durch einjährige Unkräuter bedrängt, die zeitgleich mit ihnen wachsen. Ihre Samen liegen in der Zeit der Bodenbearbeitung unsichtbar in der Erde und werden erst durch das Keimen im Frühjahr sichtbar.
Mit Hacke und Schuffel lassen sie sich von der Wurzel trennen, wodurch ein weiteres Wachstum unmöglich wird. Je früher man die konkurrierenden Wildkräuter entfernt, desto einfacher ist die Arbeit. Werden sie größer, muss natürlich mehr Kraft aufgewendet werden, um sie zu beseitigen. Auf keinen Fall darf man sie zur Blüte kommen lassen, denn sie nutzen jede Gelegenheit, um weitere Samen in die Erde zu bringen. Schenkt man dem Vermehrungswillen zu wenig Beachtung, bekommt man das Ergebnis erst Jahre später zu spüren.
Das Positive an Hirtentäschel, Giersch, Vogelmiere und Co. ist, dass sie nicht unbedingt auf dem Kompost entsorgt werden müssen, sondern auch als Zutat im Frühlingssalat landen können. Obwohl sie im Garten störend wirken, sind sie gesund und schmackhaft.
Wurzelunkräuter lassen sich bereits bei der Bodenbearbeitung im Herbst oder zeitigen Frühjahr entfernen, indem beispielsweise die Wurzeln beim Umgraben entfernt werden.

Erkrankte Pflanzen

Trotz aufwändiger Pflege, können Pflanzen erkranken. Um eine Ansteckung und Verbreitung zu verhindern, sind unverzüglich alle Pflanzenteile mit dem Krankheitsbild zu entfernen. Ist ein Befall von Schaderregern zu diagnostizieren, sollten die erkrankten Teile nicht auf dem Kompost, sondern in der Mülltonne landen, um einer weiteren Ausbreitung vorzubeugen (siehe Seite 58 ff.).

Gießen

Für eine optimale Pflanzenentwicklung ist eine ausreichende Wasserversorgung der Pflanzen nötig. Immer häufiger wird im Frühjahr bereits über Hitzeperioden geklagt. Gießen scheint die einzige Möglichkeit, um Bodenaustrocknungen zu vermeiden. Dabei lässt sich die vorhandene Feuchtigkeit durch ober-

Vogelmiere *muss vor der Blüte entfernt werden, da sie viele Samen bildet.*

Die einjährige Gartenmelde *lässt sich im jungen Zustand gut entfernen.*

flächliche Lockerungsarbeiten im Boden halten. Mit Gartenwiesel oder Grubber werden wasserführende Bodenkanälchen in den obersten Schichten zerstört, durch die Bodenwasser verdunstet. Kombiniert man diese Arbeit mit der Unkrautbekämpfung, spart man Kraft und Zeit.
Heiße trockene Witterungslagen im Frühjahr können so schlimme Trockenschäden an den Pflanzen verursachen, dass eine weitere Entwicklung kaum noch möglich ist.
Ob man die Arbeit mit Gießkanne oder Wasserschlauch erledigt, bleibt unerheblich, Hauptsache, es wird eine Brause verwendet.
Durch den weichen Strahl sickert das Wasser besser ein und es entstehen keine Verschlämmungen an der Bodenoberfläche.
Als Gießwasser hat sich erfahrungsgemäß Regenwasser am besten bewährt, da es sich dabei um so genanntes weiches Wasser handelt. Normales Leitungswasser ist teilweise sehr kalkhaltig und bekommt einigen Kräutern nicht.
Bei der Gießmenge sind die Speicherfähigkeit des Bodens und die Ansprüche der einzelnen Kräuter zu berücksichtigen.
Zu schnell führt falsche Wässerung zu Vertrocknungen des Sprosses oder zu Wurzelfäulnis durch Übernässung.
Für denjenigen, der sich Arbeit und Mühe sparen möchte, bietet der Fachhandel seit einigen Jahren automatische Bewässerungssysteme an. Mit einem einfachen Steuerungsgerät lassen sich hierbei die notwendige Wassermenge und die Bewässerungszeit einstellen.

TIPP

Durch heißes, trockenes Wetter bildet sich eine Staubschicht auf den Blättern, wodurch die Atmung der Pflanzen eingeschränkt wird. Überbrausen Sie die Kräuter am frühen Morgen und spülen Sie so den Staub von den Blättern.

Gießen *ist besonders in den Sommermonaten notwendig.*

Nährstoffe

Neben ausreichend Wasser und Sonnenlicht brauchen Pflanzen auch Nährstoffe für die Ausbildung von Blättern, Blüten und Früchten. Sie bilden die Grundbaustoffe der Pflanze und sind Bedingung für ein erfolgreiches Wachstum. Durch natürliche Umsetzungsprozesse im Boden werden zwar ständig Nährstoffe frei, sie reichen aber nicht aus, um ausgiebige Erträge zu erhalten. Deshalb ist es notwendig, durch zusätzliche Düngemaßnahmen die Pflanzenentwicklung zu beschleunigen und die Ernteerträge zu erhöhen.
Im Gegensatz zu den meisten Nutzpflanzen sind Kräuter sehr anspruchslos und gedeihen auch unter dürftigen Verhältnissen. Zudem entwickeln sie das beste Aroma und die höchsten Wirkstoffgehalte auf armen Böden. Aus diesem Grunde ist im Kräutergarten nur sparsames Düngen angesagt.

***Dünger** müssen gut in den Boden eingearbeitet werden.*

***Komposte und Jauchen** sind einfach herzustellende organische Dünger.*

▸ Dünger

Den richtigen Dünger für den Kräutergarten zu finden ist nicht ganz einfach, da eine Fülle von verschiedenen Düngern im Fachhandel angeboten wird. In der Regel hilft ein Beratungsgespräch mit dem Fachmann.

Mineraldünger Die einfachste Düngemethode ist die Verwendung von Universaldüngern. Diese Dünger beinhalten alle Nährstoffe, die zur Pflanzenentwicklung notwendig sind. Fehlen nur einzelne Nährstoffe, können Einzelnährstoffdünger eingesetzt werden. Da es schwierig ist, die Mangelsymptome richtig zu bewerten, ist es ratsam, einen Fachmann zu befragen. Diese beiden genannten Düngergruppen gehören in den meisten Fällen zu den Mineraldüngern, auch als Kunststoffdünger bezeichnet. Sie lassen sich sehr genau dosieren. Stickstoff sollte vorsichtig gedüngt werden, da Überdosierung zu unerwünschtem Wachstum und geringerer Bildung von Inhaltsstoffen führt.

Organischer Dünger In natürlichen Gärten werden ausschließlich organische Dünger pflanzlichen oder tierischen Ursprungs verwendet. Zur Gruppe der organischen Dünger lassen sich Brühen, Jauchen, Kompost und Tiermist einordnen. Sie haben den Vorteil, dass sie das Bodenleben verbessern. Andererseits lassen sie sich aber schlecht dosieren, da ihr Düngegehalt von Feuchtigkeit und Temperatur abhängt.

Ausbringung Sowohl mineralische als auch organische Dünger werden in den Boden eingearbeitet. Körnige oder pulverisierte Düngemittel werden nach den Vorgaben des Herstellers in die obere Bodenschicht eingegrubbert. Grobe Düngemittel wie Kompost oder Mist werden bei der frühjährlichen Bodenbearbeitung eingearbeitet. Sämtliche Düngemaßnahmen sollten auf die erste Jahreshälfte konzentriert werden, da die Pflanzen zu dieser Zeit am besten die Nährstoffe aufnehmen können und auch am dringendsten benötigen. Düngerausbringung im Herbst kann zudem zur Auswaschung der Nährstoffe in das Grundwasser führen.

Mulchen

Der Aufwand, den man im Kräuterjahr durch das Unkrautjäten hat, lässt sich durch Mulchen minimieren. Bei dieser Arbeit werden die Pflanzenzwischenräume durch entsprechende Mulchmaterialien abgedeckt. Am häufigsten kommen organische Materialien wie zum Beispiel Gras-, Rinden- oder Strohhäcksel zum Einsatz. Die Ausbringung erfolgt im Frühjahr, nachdem sich der Boden durch die Sonneneinwirkung erwärmen konnte. Die Mulchschicht macht das Hacken unnötig, da die Keimung unerwünschter Unkräuter erschwert und der Boden vor Verdunstung und starken Regenfällen geschützt wird. Zudem regen die organischen Materialien das aktive Bodenleben an, was man an der Zunahme der Regenwürmer deutlich erkennen kann.

Beim Mulchen wird das entsprechende Material dünn auf den Boden aufgebracht und regelmäßig erneuert. Dicke Mulchschichten sind weniger gut geeignet, da Schnecken hier gute Unterschlupfmöglichkeiten finden.

Zu zeitiges Aufbringen von Mulch verhindert die frühjährliche Bodenerwärmung, sodass sich die Kräuter nur langsam entwickeln können. Aus diesem Grunde empfiehlt sich das Mulchen erst ab dem späten Frühjahr.

***Das Mulchmaterial** wird rings um die Pflanze dünn verteilt.*

TIPP

Wird Rindenhäcksel als schützende Bedeckung verwendet, sollte man darauf achten, dass die Rinde nicht mehr frisch, sondern etwas verrottet ist. Frische Rinde enthält eine Reihe von Gerbstoffen, die vielen Kräuterpflanzen nicht bekommen.

Kräuter in der Mischkultur

Kräuter haben nicht nur einen positiven Einfluss auf den Menschen, sondern unterstützen auch Gemüse- und Zierpflanzenkulturen. Ihre Inhaltsstoffe fördern beispielsweise das Wachstum benachbarter Pflanzen oder halten durch ihr starkes Aroma typische Schaderreger fern. Hervorgerufen wird diese Wirkung durch Stoffwechselprodukte, die über die Pflanzenwurzeln ausgestoßen werden und dort diese Reaktionen verursachen. Durch die vorbeugende Wirkung als Pflanzenschutz ist die Mischkultur ein fester Bestandteil im Biogarten. Beobachtungen haben ergeben, dass die geschickte Kombination verschiedener Pflanzen nicht nur Krankheiten vorbeugt, sondern auch Aroma und Qualität beeinflusst. Trotz vieler Erkenntnisse und Erfahrungen in diesem Bereich, wurden die begünstigenden Wirkungen bisher nicht wissenschaftlich nachgewiesen.

▸ Nachbarschaftswirkungen

Im Vordergrund steht besonders die vorbeugende Wirkung gegenüber Schädlingen. Allgemein bekannt ist die Blattlaus vertreibende Wirkung des Lavendels. Nicht umsonst findet man ihn so häufig in Kombination mit Rosen. Hierbei wird ersichtlich, dass die förderlichen Nachbarschaftswirkungen nicht nur im Nutzgarten gebraucht werden. Auch Zierpflanzen, wie zum Beispiel Lupine, Phlox, Schmetterlingsstrauch oder

Durch den Einfluss der Kräuter *bekommt Gemüse ein besseres Aroma und wird gestärkt.*

Storchschnabel, entwickeln unter dem Einfluss verschiedener Kräuter stärkere Blütendüfte und werden seltener von Schädlingen befallen. Zudem bereichern viele Kräuter durch ihre Erscheinung Blumen- und Staudenbeete.

Am häufigsten ist die Mischkultur jedoch im Gemüsegarten anzutreffen (siehe auch Seite 17). Durch den Anbau der einzelnen Kulturen in Reihen bietet sich diese Kulturtechnik förmlich an. Die Kräuter werden abwechselnd mit Gemüse angebaut und der gegenseitige Einfluss der verschiedenen Pflanzen kann deren Entwicklung fördern. Viele Biogärtner vertreten die Ansicht, dass man diejenigen Pflanzen miteinander anbaut, die auch gemeinsam im Kochtopf Verwendung finden.

Die Tabelle auf Seite 57 zeigt eine Auswahl geeigneter Mischkulturpartner im Kräutergarten und eine Übersicht verschiedener Obstarten und Blumen in Kombination mit verschiedenen Gemüsearten.

In der Tabelle ist stets von den in der senkrechten Spalte genannten Pflanzenarten auszugehen.

Nachbarschaftswirkungen

Kraut	Günstige Mischkultur
Baldrian	*allgemein günstig*
Basilikum	*Gurken, Kohlrabi, Schwarzwurzeln, Tomaten, Zwiebeln*
Bohnenkraut	*Bohnen, Zwiebeln*
Borretsch	*Gurken, Kohl, Zucchini*
Dill	*Gurken, verschiedene Kohlarten, Möhren, Salat*
Gartenkresse	*Radieschen, Rettich, Salat*
Kerbel	*Radieschen, Salat*
Knoblauch	*Gurken, Möhren, Salat, Spargel, Tomaten*
Koriander	*Erdbeeren, Kartoffeln, Gurken, verschiedene Kohlarten*
Lavendel	*allgemein günstig bei Gemüse- und Zierpflanzen*
Petersilie	*Kartoffeln, Kohl, Rettich*
Salbei	*allgemein günstig bei Gemüse- und Zierpflanzen*
Schnittlauch	*verschiedene Kohlarten, Möhren*
Thymian	*allgemein günstig bei Gemüse- und Zierpflanzen*
Ysop	*allgemein günstig bei Gemüse- und Zierpflanzen*

Mischkultur: Gemüse kombiniert mit Kräutern, Obst und Blumen

(+ günstige Kombination, – ungünstige Kombination, □ neutrale Kombination oder keine Erfahrung)

	Buschbohne	*Endivien*	*Erbse*	*Feldsalat*	*Gurke*	*Grünspargel*	*Kartoffel*	*Knollenfenchel*	*Kohlarten*	*Kohlrabi*	*Kopfsalat*	*Mairübe*	*Möhre*	*Neuseeländer Spinat*	*Poree*	*Radieschen*	*Rettich*	*Romanasalat*	*Rote Bete*	*Schwarzwurzel*	*Sellerie*	*Spinat*	*Stangenbohne*	*Tomate*	*Winterpostelein*	*Zichoriensalat*	*Zucchini*	*Zwiebel*
Kräuter																												
Basilikum					+			+												+				+			+	+
Beifuß									+	+																		
Bohnenkraut	+	+		+				+			+							+	+				+		+	+		+
Borretsch					+				+	+									+		+			+			+	
Dill	+		+		+	+	+		+	+	+	+	+						+		+		+	+				+
Estragon					+																							
Kamille									+	+					+	+	+				+							+
Kapuzinerkresse			+		+		+		+	+												+	–					
Kerbel	+	+									+					+	+											
Knoblauch	–		–		+		+		–	–	+		+						+			+	–	+				
Koriander					+		+		+	+									+									
Kresse											+					+	+											
Kümmel	+		+		+		+	–	+	+	+								+			+	+					
Majoran													+															+
Meerrettich							+																					
Petersilie					+						–				+	+	+							+		–		+
Pfefferminze							+		+	+	+		+											+				
Portulak																												–
Rosmarin	+				–								+										+					
Salbei	+		+		–			+	+	+			+										+					
Schnittlauch	–		–						–	–			+						–				–	+				
Thymian									+	+																		
Wermut								–																				
Zitronenmelisse									+	+																		
Obst																												
Erdbeere	+			+	–				–	+			+															
Himbeere	+																											
Obstbäume															+													
Blumen																												
Ringelblume				+		+	+			+	+		+	+														
Sonnenblume						+		–																				
Tagetes		+						+		+	+																	

Krankheiten und Schädlinge

Wie alle anderen Pflanzen, werden auch Kräuter nicht von Krankheiten und Schädlingen verschont. Gründe für Pflanzenerkrankungen gibt es eine Menge. Zumeist treten Krankheiten an schwachen Pflanzen auf. Ursachen können beispielsweise eine falsche Pflege und ungünstige Standort- oder Witterungsbedingungen sein. Um vorzubeugen, sollte man sein Augenmerk regelmäßig auf die Gesundheit und Vitalität der Kräuter legen. Bricht trotz aller Vorsichtsmaßnahmen dennoch eine Krankheit aus, kann man nicht mit der chemischen Keule kommen. Bei Kräutern sind so gut wie keine chemischen Pflanzenschutzmittel zugelassen. Ein unsachgemäßer Einsatz von Pflanzenschutzmitteln führt zu Rückständen, die beim Verzehr vom Menschen aufgenommen würden!

Pflanzenkrankheiten

Zu den Pflanzenkrankheiten werden alle Erkrankungen gezählt, die durch Viren, Bakterien oder Pilze hervorgerufen werden. Viren und Bakterien sind glücklicherweise nur sehr selten an Kräutern zu beobachten. Im Gegensatz zu anderen Erkrankungen sind sie kaum bekämpfbar.
Pilzkrankheiten sind dagegen sehr häufig anzutreffen. Bereits in der Jungpflanzenanzucht begegnet man verschiedenen Boden- und Welkepilzen. Sie parasitieren die noch zarten Pflanzen und entziehen ihnen Nährstoffe und Wasser. So mancher Kräutergärtner klagt über Misserfolge bei der Anzucht von Basilikum. Dunkle kühle Anzuchtplätze und intensive Wassergaben lassen das wärmeliebende Kraut welken, wodurch man zu der Annahme kommt, es handle sich um ein Trockenheitssymptom. Zusätzliche Wassergaben nutzen jedoch nichts mehr, denn ein Pilz (*Fusarium oxysporum*) hat sich in den wasserführenden Adern der Pflanze breit gemacht. Diese Pflanzenschädigung ist dann nicht mehr zu beheben.
Eine der häufigsten Erkrankungen ist der Echte Mehltau, dessen Sporen bei sonnigem trockenem Wetter durch die Luft fliegen, sich auf den Blättern absetzen und einen Pilzrasen bilden. Saugfortsätze des Pilzes dringen in die Blätter ein und entziehen den Pflanzen notwendige Nährstoffe. Diese Krankheit tritt besonders bei Goldmelissen (*Monarda*), Salbei (*Salvia*) und Minzen (*Mentha*) auf. Befallene Pflanzenteile sollten bei den ersten

Mehltau *an Bergamotte tritt vor allem bei sonniger trockener Witterung auf.*

Blatt- und Stängelfleckenkrankheit *werden durch Pilze verursacht.*

Schnittlauchrost *wird durch feucht-warmes Wetter gefördert.*

***Nacktschnecken** gehören zu den gefräßigsten Schädlingen.*

***Auch hübsche Raupen** können die Kräuter kahl fressen.*

***Blattläuse** saugen aus jungen Pflanzenteilen den Saft heraus.*

Anzeichen unbedingt entfernt werden, um eine Verbreitung zu verhindern (siehe auch Seite 61). Minzen werden von einer weiteren Pilzerkrankung häufig heimgesucht, die als Minzrost bezeichnet wird. Bei feuchtwarmem Wetter ist bei anfälligen Minzen zu beobachten, dass am Stängelgrund orangerote Wucherungen entstehen. Auch dieser Pilz entzieht den Minzen notwendige Nährstoffe. Seltener trifft man die Blattfleckenkrankheit an, die ebenfalls durch verschiedene Pilze verursacht wird. Sie führt zu dunklen Flecken an den Blättern und den Stängeln der Pflanzen.

▸ Schädlinge

Bei den Schädlingen handelt es sich um tierische Schaderreger, die den Pflanzen vor allem durch Fraß- oder Saugschäden zusetzen. An erster Stelle sind die Schnecken zu nennen. Besonders die Nacktschnecken verursachen viel Ärger und Frust durch ihren Fraß im Kräuterbeet. Werden sie nicht rechtzeitig bekämpft, haben sie die Möglichkeit sich mehrmals im Jahr zu vermehren und werden schnell zur Plage.

Ebenso lästig sind Blattkäfer und Schmetterlingsraupen. Ihre unvergleichliche Gefräßigkeit kann man zum Teil an völlig kahlen Pflanzensprossen feststellen. Minzen haben es den metallisch-blauen Blattkäfern angetan, die sogar industrielle Teefelder völlig kahl fressen. Sie werden als Minzkäfer bezeichnet und müssen rechtzeitig bekämpft werden, um größere Pflanzenschäden zu verhindern.

Ein anderer sehr wichtiger Schädling ist die Blattlaus. Sie verursacht keine Fraßschäden, sondern saugt den Pflanzensaft aus den Blättern. Bei den befallenen Pflanzen wird die Entwicklung eingeschränkt und sie beginnen, zu kümmern. Ein Lausbefall ist vorrangig an feucht-warmen Stellen zu beobachten, wo es zudem an Luftumwirbelung mangelt.

Trockenes, heißes Klima fördert andere, sehr kleine Blattsauger, die als Spinnmilben bezeichnet werden. Sie saugen ebenfalls den Pflanzensaft aus den Blattzellen und verursachen silbrige Punkte auf den Blättern.

TIPP

Pflanzenschäden durch Krankheiten und Schädlinge können mit gewissen Nährstoffmangel- und -überschusssymptome verwechselt werden. Kann man den Schaden nicht klar deuten, sollte der Rat eines Fachmannes hinzugezogen werden.

Vorbeugung und Bekämpfung

Viele Pflanzenkrankheiten oder Schädlinge lassen sich durch vorbeugende Maßnahmen verhindern. Der wichtigste Punkt beim vorbeugenden Pflanzenschutz ist die Pflanzengesundheit. Gesunde, vitale Kräuter sind weniger anfällig für Krankheiten. Somit ergibt sich ein enger Zusammenhang zwischen den Pflegemaßnahmen und dem Pflanzenschutz.
Trotz aller Mühe, die man in die Vorbeugung investiert, lassen sich bestimmte Erkrankungen oder Schädlinge nicht vermeiden. Eine Bekämpfung wird unerlässlich, wenn die Pflanzen sich weiterentwickeln sollen. Dabei gibt es eine Reihe von schonenden Möglichkeiten, um die Schaderreger von den Kräutern zu verbannen.

▸ Vorbeugung

Unter Vorbeugung werden all die Maßnahmen verstanden, die Krankheiten und Schädlingsbefall verhindern. Die hierbei geleisteten Pflegearbeiten dienen vorrangig der Pflanzenstärkung, sodass es Krankheitserregern erschwert wird, die Pflanze zu schädigen.
Ein optimaler Standort sowie eine optimale Nährstoff- und Wasserversorgung bilden die Grundlage für ein gesundes Wachstum.
Die Ursache für Pilzerkrankungen sind Sporen, die überall im Boden und der Luft vorkommen. Beste Entwicklungsmöglichkeiten finden sie an feuchten Pflanzenteilen, wo sie bei warmem Wetter rasch einen Pilzrasen bilden.

Kieselsäure Eine spezielle vorbeugende Maßnahme ist es, die Pflanzen häufiger mit Kieselsäurepräparaten zu behandeln, da diese die Blätter stärken und Wasser somit schneller abtropfen kann. Pilze finden dadurch keine optimalen Wachstumsvoraussetzungen.

Pflanzenabstand Zu enge Standräume verhindern das Abtrocknen der Blätter, da der Luftaustausch gehemmt ist. Um das Abtrocknen zu beschleunigen, ist auf ausreichenden Pflanzenabstand zu achten. Aus diesem Grunde ist es ratsam, eng stehende Pflanzen auszulichten und damit einen besseren Luftaustausch zu ermöglichen.
Um zu verhindern, dass die Blätter längere Zeit nass bleiben, sollten die Pflanzen in den frühen Morgenstunden, wenn möglich von unten, gegossen werden.

Unkräuter Auch wenn die Kräuter in optimalen Abständen gepflanzt wurden, können keimende Unkräuter einen ähnlichen Effekt wie enge Standräume bewirken. Schon deshalb sollte man nicht zu lange zögern, sie zu entfernen.

Schädlinge Tierischen Schaderregern kann man nur schwer vorbeugen. Eine Möglichkeit bietet die Mischkultur. Der Einfluss benachbarter Pflanzen vertreibt das Ungeziefer. Werden bei Gartenarbeiten Gelege, zum Beispiel von Schnecken entdeckt, sollten sie vorsorglich entfernt werden. Man verhindert dadurch, dass die Schädlinge schlüpfen und an den Pflanzen Schäden anrichten.
Eine gute Vorbeugung gegen tierische Schädlinge ist zudem, den Garten möglichst so zu gestalten, dass nützliche Tiere, wie Vögel, Igel, Eidechsen oder Ohrwürmer Unterschlupf finden.

Als wirkungsvolle Schneckenbekämpfer *haben sich Laufenten bewiesen.*

Bekämpfung

Bei der Schädlingsbekämpfung im Kräutergarten muss auf chemische Pflanzenschutzmittel verzichtet werden. Diese Mittel können Rückstände in den Pflanzen ablagern, die nach der Ernte mitverzehrt werden. Es gibt jedoch vielfältige Möglichkeiten, auf biologischem Wege Schädlinge zu vernichten.

Rückschnitt Die einfachste Methode ist der Rückschnitt. Dabei werden alle befallenen Pflanzenteile abgeschnitten und im Müll beseitigt. Der Kompost als Entsorgungsstätte ist nicht zu empfehlen, da sich die Schaderreger von dort aus weiter verbreiten.

Nützlingseinsatz Alternativ zum Rückschnitt rückt immer häufiger der Nützlingseinsatz in den Vordergrund. Nützlinge, wie Marienkäfer, Raubmilben oder räuberische Bakterien parasitieren die Schädlinge und bekämpfen sie auf rein biologischem Wege. Ausführliche Informationen über diese Pflanzenschutzmethode erhält man bei Landwirtschaftsämtern, Versuchsstationen oder im Fachhandel.

TIPP

Eine sehr einfache Blattlausbekämpfung ist durch eine Milchspritzbrühe möglich. Hierbei wird fettarme Milch mit Wasser im Verhältnis 1:1 gemischt und diese Brühe anschließend auf die befallenen Pflanzen gesprüht. Schon nach ein bis zwei Tagen ist die Wirkung ersichtlich. Regelmäßige Wiederholungen verstärken die Bekämpfung.

Bei Mehltaubefall an Melisse *(weißer Belag auf der Blattoberseite) hilft ein starker Rückschnitt.*

Schneckenbekämpfung Um den Schnecken Herr zu werden, bedarf es viel Geduld und Mühe. Eine aufwändige, aber sehr schonende Methode ist das Absammeln in den Abend- oder Morgenstunden. Alle auffindbaren Schnecken werden in einen Eimer gelesen und nach Beendigung mit Düngesalz überstreut. Was uns ekelig und qualvoll erscheint, ist für die schleimigen Schädlinge ein schneller Tod.
Als effektiv haben sich auch Bierfallen erwiesen. Hierbei werden Plastikbecher oder Gläser in den Boden eingegraben, sodass die Öffnung mit der Bodenoberfläche abschließt. In den Abendstunden füllt man diese Behälter mit Bier und am nächsten Morgen sind sie voller Schnecken vorzufinden. Hierbei muss man jedoch damit rechnen, dass auch die Schnecken aus der Nachbarschaft zuwandern.
Wenn beide Methoden nicht mehr wirken, kommt man nicht umhin, auf handelsübliche Schneckenkornpräparate zurückzugreifen. Sie sind zwar chemischen Ursprungs, jedoch werden sie nicht von den Pflanzen aufgenommen. Die Schnecken fressen die Körner und verenden kurze Zeit später. Das Präparat sollte auf Eisenoxid-Basis sein, da sonst zum Beispiel Igel an den vergifteten Schnecken sterben können.

Brühen und Jauchen Spritzpräparate, die von Schädlingsplagen befreien, müssen nicht chemischer Konsistenz sein.
Brühen und Jauchen lassen sich mit vielen Kräutern herstellen. Ihren Inhaltsstoffen verdanken sie eine pflanzenkräftigende und insektizide Wirkung. Ihre Anwendung braucht etwas Geduld, da sich die Wirkstoffe zum Teil schnell verflüchtigen oder abbauen (siehe Seite 62).

Brühen und Jauchen

Brühen und Jauchen sind feste Bestandteile im biologischen Pflanzenschutz. Sie dienen der Schädlingsbekämpfung, haben aber auch eine düngende, stärkende und vorbeugende Wirkung. Weiterhin ist zu beobachten, dass durch die Ausbringung dieser natürlichen Präparate das Bodenleben aktiviert wird. Diese vielen Vorteile haben natürlich einen Haken, der bei der Herstellung deutlich zu riechen ist. Durch Gärungsprozesse werden Gerüche frei, die teilweise sehr unangenehm sind. Jedoch lohnt sich dieser Aufwand, wenn man im Nachhinein das gesunde Pflanzenwachstum betrachten kann. Durch Zugabe von Gesteinsmehl lässt sich die Geruchsentwicklung verringern.

Die Herstellung von Kräuterjauchen *ist sehr einfach zu Hause möglich.*

▸ Die Herstellung von Brühen und Jauchen

Brühen und Jauchen lassen sich aufgrund ihrer unterschiedlichen Herstellungsweise voneinander abgrenzen. Jauchen werden mit kaltem Wasser angesetzt und müssen je nach Witterung vor dem Gebrauch ein bis zwei Wochen gären. Hierzu werden Gefäße aus Holz, Kunststoff oder Stein verwendet, keinesfalls jedoch Metallkübel. Sie reagieren mit der Jauche und beeinflussen die Jauche in ihrer Wirksamkeit. Sowohl für Brühen als auch für Jauchen werden entweder 1 kg Frischkräuter oder 150 g Trockenkräuter mit 10 l Wasser angesetzt. Die Kräuter werden klein geschnitten und locker in das Gärgefäß gelegt. Anschließend werden sie mit Wasser übergossen. Um die Bildung von unangenehmen Gerüchen bei Jauchen zu verringern, empfiehlt sich die Zugabe einer Hand voll Kompost, Lehmerde oder Gesteinsmehl. Damit sie sich gut entwickelt, wird sie lose abgedeckt und täglich zwei- bis dreimal umgerührt. Nach spätestens zwei Wochen hat die Jauche eine dunkle Färbung und kann abgesiebt werden. Sie wird im Verhältnis von 1:20 mit Wasser verdünnt, womit die Pflanzen übergossen werden können.

Die Ausbringung sollte nicht bei sonnigem Wetter stattfinden, da es zu Verbrennungen kommen kann. Am besten eignen sich die frühen Morgenstunden, da die Pflanze zu dieser Zeit die Naturmittel gut verarbeiten kann.

Im Vergleich zu Jauchen sind Brühen milder und schneller verfügbar. Klein gehackte Kräuter werden einen Tag lang in kaltem Wasser angesetzt und danach gekocht. Die Brühe wird nachher abgesiebt

Ackerschachtelhalm *ist einer der wichtigsten Bestandteile von Brühen und Jauchen.*

und es entsteht ein vergleichsweise schonender Flüssigdünger. Man sollte nur kleine Mengen an Brühen herstellen, da sie relativ schnell anfangen zu gären und sich dann wie Jauche verhalten. Die auszubringende Brühe wird im Verhältnis von 1:10 mit Wasser verdünnt. So düngt und stärkt sie die Kräuter auf milde Art und Weise.

Das Kräuterjahr verlängern

Besonders nach dem Winter ist das Verlangen groß, frische Kräuter ernten zu wollen. Man ist jedoch auf die Natur angewiesen und wird nicht selten durch zu kühles oder schlechtes Wetter enttäuscht. Das Pflanzenwachstum stockt und man ist gezwungen, auf besseres Wetter zu warten. Um den Kräutergarten dennoch etwas früher zu beleben, können Vliese und Verfrühungsfolien verwendet werden. Sie erhöhen durch einen Treibhauseffekt die Bodentemperatur und das Pflanzenwachstum wird beschleunigt. Beim Einsatz von Verfrühungsmaterialien kann man mit Ernten, die zwei bis drei Wochen vor dem eigentlichen Erntetermin liegen, rechnen.

***Folientunnel** fördern die Pflanzenentwicklung durch die schnellere Bodenerwärmung im Frühjahr.*

Geeignete Kräuter für Brühen und Jauchen

Kraut	Wichtige Inhaltsstoffe	Wirkung
Ackerschachtelhalm	*Mineralstoffe, Kieselsäure*	*gegen Pilzkrankheiten, Spinnmilben, Lauchmotten*
Beinwell	*Stickstoff*	*düngend und stärkend*
Brennnessel	*Eisen, Spurenelemente, Stickstoff, Phosphat, Enzyme*	*düngend, gegen Blattläuse und Spinnmilben*
Knoblauch, Schnittlauch, Zwiebel	*Schwefelverbindungen, Mineralstoffe*	*gegen Milben, Bakterien- und Pilzkrankheiten*
Rainfarn	*Kalium*	*gegen Läuse, Lauchmotten, Weiße Fliege*
Schafgarbe	*Ätherische Öle, Bitter- und Gerbstoffe, Kalium, Kieselsäure*	*pflanzenstärkend, gegen Pilzkrankheiten*
Wurmfarn	*Ätherische Öle, Filicin, Harze*	*gegen Pilzkrankheiten, Blut-, Schild- und Schmierläuse*

▸ Kräuter unter Folie und Vlies

Besonders kälteempfindliche Kräuter profitieren von Vliesen und Verfrühungsfolie, da sie bedeutend früher ausgesät werden können. Vliese sind äußeerst leichte Gewebematerialien, die sehr luftdurchlässig sind, jedoch nur einen geringen Temperaturunterschied von 3 bis 4 °C zur Außentemperatur ausmachen. Größere Temperaturdifferenzen von bis zu 10 °C und einen Verdunstungsschutz des Bodens erhält man durch Vermehrungsfolien. Um einen Luftaustausch zu ermöglichen, sollten diese perforiert (gelocht) sein.
Die Verfrühungsmaterialien werden flach über das Kräuterbeet gelegt und am Rand durch Sandsäcke oder Steine beschwert. Bei Folientunneln lassen eingeschobene Bügel ein Minigewächshaus entstehen. Wenn sich die Pflanzen gut entwickelt haben, sollte bei frostfreiem Wetter häufig gelüftet werden, um sie abzuhärten. Mit steigender Sonnenstrahlung nimmt auch die Temperatur unter der Abdeckung zu. Wird sie nicht rechtzeitig entfernt, können sogar Hitzeschäden auftreten.

Form- und Rückschnitt

Schnittmaßnahmen sind ein wichtiger Bestandteil der Kräutergartenpflege. Sie haben die Aufgabe, aus der Form geratene, kranke oder abgestorbene Pflanzenteile zu entfernen. Diese sehen nicht schön aus und gefährden die Gesundheit der ganzen Pflanze. Hervorzuheben ist der verjüngende Effekt, den man durch Schnittmaßnahmen erreicht. Der Neutrieb fördert ein buschiges Wachstum und verhindert ein zu starkes Verholzen im unteren Spross. Die verjüngende Wirkung möchte man ebenso bei Kräuterhecken nutzen, wobei die Schnittform jedoch noch wichtiger erscheint. Schließlich soll die Hecke ein einheitliches Bild ergeben.

Der Rückschnitt *kann im Sommer auch als Erntegut verwendet werden.*

Verjüngend *wirken Rückschnitte im zeitigen Frühjahr.*

▸ Ausführung der Schnittmaßnahmen

Um Schnittmaßnahmen durchzuführen benötigt man eine scharfe Gartenschere. Messer oder andere Schneidwerkzeuge eignen sich weniger gut, da mit ihnen keine sauberen Schnitte durchzuführen sind. Die meisten Kräuter können zu Erntezwecken regelmäßig geerntet und somit geschnitten werden. Es muss allerdings zwischen staudenartigen und verholzenden Kräutern unterschieden werden.

Staudenartige Kräuter Diese Pflanzen bilden krautige Sprosse, die nicht verholzen und zum Ende der Vegetation absterben. Der verbleibende Spross kann entweder im Herbst oder im zeitigen Frühjahr abgeschnitten werden. Alte Fruchtstände und Sprosse, die erst im Frühjahr zurückgeschnitten werden, bieten im Winter vielen Mikroorganismen, Kleintieren und Vögeln Nahrung. Herabfallende Pflanzenteile werden zersetzt und bilden eine leichte Frostschutzschicht. Der neue Austrieb im Frühjahr erfolgt aus den Wurzelstöcken. Werden die krautigen Sprosse während der Wachstumszeit zurückgeschnitten, wird das verzweigte Buschwachstum angeregt. Man erhält dichte kompakte Pflanzen, wie sie besonders in der Kübel- und Topfkultur erwünscht sind. Bei wuchernden Kräutern, wie zum Beispiel Minze, ist Vorsicht geboten. Der Rückschnitt fördert das Breitenwachstum der Pflanzen und sie wuchern noch schneller.

TIPP

Achten Sie darauf, den Rückschnitt von verholzenden Kräutern nicht zu tief auszuführen. Die Pflanzen haben sonst keine Möglichkeit mehr neu auszutreiben.

Verholzende Kräuter Pflanzen, deren unterer Spross verholzt, vertragen nicht nur Schnitte, sondern benötigen den Rückschnitt unbedingt als Pflegemaßnahme. Obwohl Lavendel, Rosmarin, Thymian und viele andere als Kräuter bezeichnet werden, gehören sie zu den Halbgehölzen. Durch den natürlichen Wuchs dieser Pflanzen verholzt der untere Bereich immer stärker und die Pflanzen verkahlen langsam. Damit im Kräutergarten kein kahler Spross zu sehen ist, müssen die Sprosse mindestens einmal jährlich zurückgeschnitten werden. Dabei ist darauf zu achten, dass der Schnitt nicht zu tief ins Holz geführt wird. Kräuterhecken bestehen in der Regel aus verholzenden Kräutern. Um einen gleichmäßigen Heckenschnitt zu erreichen, benötigt man eine Gartenschnur, die in der gewünschten Höhe gespannt wird. Sie dient als Richtlinie und verhindert eine ungleichmäßige Schnittführung.

Kräuter im Winter

Sinkt das Thermometer langsam auf den Gefrierpunkt, wird es Zeit den Kräutergarten winterfest zu machen. Da man in der Regel vorher nicht weiß, wie streng der Winter wird, schadet eine leichte Abdeckung der Kräuter keinesfalls. Das beliebteste und einfachste Mittel sind Reisigzweige. An sie ist leicht heranzukommen und sie sind schnell auf den Beeten verteilt. Durch die Nadeln wird ein Luftpolster geschaffen, das die Bodendecke vor starkem Frost schützt. Dadurch verringert sich die Gefahr, dass die Kräuter Wurzelerfrierungen erleiden. Zudem haben sie eine schattierende Wirkung, die holzige Kräuter vor dem so genannten Sonnenbrand schützt: Bei klarem Wetter kommt es an sonnigen Wintertagen zwischen Tag und Nacht zu großen Temperaturunterschieden, die dazu führen, dass die Rinde an der Sonnenseite aufplatzt. Der Wassertransport von der Wurzel zum Spross wird dadurch unterbrochen und das Kraut treibt im Frühjahr nur spärlich aus.
Eine Alternative zu Reisigzweigen bietet das Falllaub. Zu verwenden sind nur gesunde und trockene Blätter. Sie werden locker auf die eingezogenen Kräuter aufgetragen und müssen anschließend mit einer Folie abgedeckt werden. Die Kunststoffabdeckung ist sehr wichtig, da es ansonsten zu Fäulnis kommt und die Kräuter unter dem eigentlichen Schutz eingehen. Höhere Kräuter lassen sich mit Strohmatten umwickeln, die Hohlräume werden mit kleinen Reisigzweigen ausgestopft. Diese Schutzmaßnahmen verringern nicht nur die Gefahr möglicher Erfrierungen, sondern ermöglichen auch einen früheren Neuaustrieb im nächsten Jahr.

Auch Kräuterterrassen *müssen winterfest gemacht werden.*

Vermehrung

Mit geringem Aufwand lassen sich viele Pflanzen eines Kräutergartens vervielfältigen, ohne dass man dabei Geld für Samen oder Pflanzen investieren muss. Für jede Pflanzenart gibt es eine passende Vermehrungsmethode. Hierbei lassen sich generative und vegetative Vermehrung unterscheiden.

Generative Vermehrung Sie erfolgt durch Aussaat. Aus den Samen entwickeln sich die Nachkommen der Pflanzen, die durch die natürliche Befruchtung zustande gekommen sind. Abhängig vom Erbmaterial oder äußeren Einflüssen ist davon auszugehen, dass sich die Nachkommen bzw. die neue Pflanzengeneration verändert hat. Diese Veränderungen sind für die Züchtung notwendig, um neue Sorten heranzuziehen.

Vegetative Vermehrung Bei dieser Vermehrungsform hingegen, zu der sich Absenker, Stecklinge und Teilungspflanzen zählen lassen, sind die Nachkommen erbgleich und völlig identisch mit der Mutterpflanze. Sie besitzen die gleichen Eigenschaften, wie zum Beispiel Aroma, Blütenfarbe oder Resistenzen.

Geeignete Pflanzen für Vermehrung durch Samen oder Stecklinge

Vermehrungsmethode	Botanischer Name	Deutscher Name
Samen	*Anethum graveolens*	*Dill*
	Angelica archangelica	*Engelwurz*
	Anthriscus cerefolium	*Gartenkerbel*
	Borago officinalis	*Borretsch*
	Calendula officinalis	*Ringelblume*
	Carum carvi	*Kümmel*
	Chamomilla recutita	*Echte Kamille*
	Cochlearia officinalis	*Löffelkraut*
	Coriandrum sativum	*Koriander*
	Eruca sativa	*Rauke*
	Lepidium sativum	*Gartenkresse*
	Meum athamanticum	*Bärwurz*
	Ocimum basilicum	*Basilikum*
	Pimpinella anisum	*Anis*
	Satureja hortensis	*Bohnenkraut*
Stecklinge	*Aloysia triphylla*	*Zitronenstrauch*
	Artemisia spec.	*Beifuß, Eberraute, Estragon, Wermut*
	Hypericum perforatum	*Johanniskraut*
	Hyssopus officinalis	*Ysop*
	Lavandula angustifolia	*Lavendel*
	Melissa officinalis	*Zitronenmelisse*
	Mentha spec.	*Minzen*
	Origanum vulgare	*Dost, Oregano*
	Rosmarinus officinalis	*Rosmarin*
	Salvia officinalis	*Salbei*
	Satureja montana	*Bergbohnenkraut*
	Thymus spec.	*Thymian*

▸ Vermehrung durch Samen

Eine effektive Vermehrungsmethode ist die Samenvermehrung. Im Entwicklungsverlauf fruchten die meisten Kräuter nach der Blüte und bilden Samen. Damit ihre Keimung möglich ist, müssen diese ausreifen. Sonniges, warmes Wetter ist die Voraussetzung für die optimale Samenreife. Will man feststellen, ob die Samen ausgereift sind, versucht man sie vorsichtig mit der Hand abzuziehen. Bemerkt man einen Widerstand, sind die Samen noch nicht reif genug. Lösen sie sich leicht, kann man sie ernten. Die Samen lassen sich entweder für Heil- oder Würzzwecke verwenden, wie zum Beispiel bei Anis und Kümmel, oder dienen als Grundlage für eine Aussaat im Folgejahr. Samen, die ausgesät werden sollen, müssen trocken gelagert werden. Am besten verwendet man dazu kleine Papiertütchen, die mit dem entsprechenden Kräuternamen beschriftet sind. Obwohl sich die meisten ausdauernden Kräuter aussäen lassen, wird diese Vermeh-

Dillsamen (Anethum graveolens)

Fenchelsamen (Foeniculum vulgare)

rungsmethode vorrangig bei ein- oder zweijährigen Kräutern genutzt, da diese regelmäßig ausgesät werden müssen.

▸ Vermehrung durch Stecklinge

Eine andere Art Pflanzen zu vermehren, ist die Stecklingsvermehrung. Sie bietet gute Möglichkeiten aus einer Mutterpflanze viele gleichwertige Jungpflanzen heranzuziehen. Vor allem die ausdauernden Kräuter werden durch diese Vermehrungsmethode vervielfältigt. Erfahrungsgemäß haben sich die Monate Mai und Juni als beste Zeiträume für diese Vermehrung bewiesen. Die Triebe haben zu dieser Zeit die richtige Härte und genügend Wuchskraft. Zu weiche Triebe durch feuchtwarme Kulturbedingungen sind wenig erfolgversprechend, da sie im Stecklingssubstrat relativ schnell faulen.
Als Ausgangsmaterial werden junge Triebe verwendet, die man von der Mutterpflanze abschneidet. Sie sollten eine Länge haben, die vier oder fünf Blattpaaren entspricht. Die unteren zwei oder drei Blattpaare werden entfernt und der Stiel kurz unter dem letzten Knoten schräg angeschnitten. Dieser schräge Anschnitt bewirkt eine bessere Wasseraufnahme des zu bewurzelnden Stecklings. Mit Holzkohlepulver kann diese Schnittstelle danach benetzt werden. Wird sie kurz vorher in Wasser getaucht, haftet die Holzkohle besser am Stecklingsende. Das Pulver desinfiziert die Wunde und verhindert ein Eintreten schädigender Pilze. Zur Förderung der Wurzelbildung kann man im Fachhandel auch Bewurzelungspräparate kaufen, in die die Stecklinge kurz getaucht werden.
Als Vermehrungsgefäß werden Schalen oder Töpfe verwendet, die mit nährstoffarmer Stecklingserde gefüllt sind. Gleichermaßen eignet sich ein Gemisch aus Sand und Torf als Substrat. Die Stecklinge werden in die Erde gesteckt und mit Wasser übersprüht. Danach wird das Gefäß mit einer durchsichtigen Folie oder Kunststoffhaube abgedeckt. Es entsteht eine gestaute Luft, die vor Verdunstung schützt. Durch den Verdunstungsschutz ist es dem Steckling schneller möglich zu wurzeln. Je nach Pflanzenart sind die ersten Wurzeln nach 10 bis 20 Tagen sichtbar. Stellt man an allen Stecklingen Wurzeln fest, ist die Abdeckung zu entfernen, um die Jungpflanzen abzuhärten.

***Vermehrung durch Stecklinge**: 1. Stecklinge unterhalb eines Blattknotens abschneiden und in sandiges Substrat stecken.*
2. Vermehrungstopf mit Wasser besprühen und durch eine Folienhaube abdecken. Zwei über Kreuz befestigte Drahtbügel halten die Folie.

Vermehrung durch Teilung

Einige Kräuter haben einen kriechenden Wuchs und bilden Polster. Teilweise wachsen sie so stark, dass sie verkleinert werden müssen. Diesen Umstand kann man sich für eine weitere Vermehrungsart, der Teilung, zunutze manchen. Der beste Zeitpunkt für die Teilung ist entweder das zeitige Frühjahr während des Austriebes oder der Herbst nach dem Abschluss der Vegetation.
Bevor das große Polster aus dem Boden gehoben wird, sollte die neue Pflanzstelle vorbereitet und ein entsprechendes Pflanzloch ausgehoben werden. Die großen Polster werden mit dem Spaten umstochen. Behutsam drückt man die Pflanze aus dem Boden und stellt sie seitlich ab. Je nach Pflanzenart wird sie mittels scharfem Messer, Schere oder Spaten so geteilt, dass an den Stücken ausreichend Wurzeln verbleiben. Anschließend werden die Pflanzenteile in die vorgesehenen Pflanzstellen gesetzt, die Hohlräume mit Erde aufgefüllt und angegossen. Nicht nur Polster bildende Kräuter lassen sich teilen, sondern auch die Pflanzen, die unterirdische Rhizome bilden. Hierbei werden die Wurzelstöcke während der Vegetationsruhe ausgegraben. Die Rhizome werden mit einem scharfen Messer so zerschnitten, dass an ihnen noch ein so genanntes Auge für den neuen Austrieb im Folgefrühjahr vorhanden bleibt. Die Schnittwunden sollten mit Holzkohlepulver benetzt werden,

Ausgesäte Petersilienjungpflanzen *lassen sich auch teilen.*

Kräuter, die sich durch Teilung vermehren lassen

Botanischer Name	Deutscher Name	Pflanzenteil	Zeitpunkt
Allium spec.	*Lauch*	*Zwiebeln*	*vor dem Austrieb*
Armoracia rusticana	*Meerrettich*	*Wurzelstock*	*Herbst bis Frühjahr*
Chamaemelum nobile	*Römische Kamille*	*Polster*	*kurz nach dem Austrieb*
Galium odoratum	*Waldmeister*	*Polster*	*kurz nach dem Austrieb*
Inula helenium	*Alant*	*Wurzelstock*	*Herbst oder Frühjahr*
Melissa officinalis	*Zitronenmelisse*	*große Pflanzen*	*zeitiges Frühjahr*
Mentha spec.	*Minze*	*Wurzel-rhizome*	*Frühjahr*
Nasturtium officinale	*Brunnenkresse*	*Polster*	*Frühjahr*
Origanum vulgare	*Dost, Oregano*	*große Pflanzen*	*zeitiges Frühjahr*
Sedum reflexum	*Tripmadam*	*Polster*	*Frühjahr oder Herbst*
Thymus pulegioides	*Quendel*	*Polster*	*zeitiges Frühjahr*
Valeriana officinalis	*Baldrian*	*Wurzelstock*	*Frühjahr oder Herbst*

***Teilung von Kräutern**: 1. Vor dem Teilen die Pflanze zurückschneiden. 2. Wurzelstock vorsichtig teilen.*

um ein Eindringen von Pilzen zu verhindern. Die verkleinerten Rhizome sind gleich nach der Teilung wieder einzugraben, da sie sonst austrocknen oder faulen könnten. Nach dem Einpflanzen ist der Boden durch Gießen vor dem Austrocknen zu schützen.

▸ Vermehrung durch Absenker

Nah mit der Stecklingsvermehrung verwandt ist die Vermehrungsmethode durch Absenker. Dabei werden die Triebe einiger verholzender Kräuter durch Hilfsmittel, zum Beispiel Drähte oder besser Kunststoffhaken, am Boden befestigt. Ähnlich wie bei den Stecklingen, hat man die besten Erfolge in den Monaten Mai und Juni. Zu dieser Zeit haben die Triebe eine optimale Härte und faulen weniger schnell. Unter dem Einfluss günstiger Bodenfeuchtigkeit und -temperatur entwickeln sich nach einiger Zeit Wurzeln an den Blattachseln. Nach der Bewurzelung werden die Triebe von der Mutterpflanze abgeschnitten. Die neuen Wurzeln übernehmen die weitere Nährstoff- und Wasserversorgung, sodass sich kleine eigenständige Kräuterpflanzen bilden. Diese lassen sich entweder im Herbst oder im Frühjahr an einen neuen Standort umsetzen.

Geeignete Pflanzen Zu den Kräutern, die sich durch Absenker vermehren lassen, gehören Minzen (*Mentha* spec.), Oregano (*Origanum vulgare*), Salbei (*Salvia officinalis*), Heiligenkraut (*Santolina chamaecyparissus*), Bergbohnenkraut (*Satureja montana*) und Thymian-Arten (*Thymus* spec.).

***Vermehrung durch Absenker**: 1. Nur ausgereifte Triebe absenken 2. Triebe mit Kunststoffhaken auf der Erde befestigen und ggf. etwas Erde anhäufeln 3. Nach der Wurzelbildung den Trieb von der Pflanze schneiden*

Die Kräuterernte

Die vielfältigen Verwendungsmöglichkeiten der Kräuter entscheiden über deren Ernte. Der richtige Zeitpunkt ist abhängig vom Entwicklungsstand bzw. der Reife des Pflanzenteiles, das am Ende verwendet werden soll. Ist der Wirkstoffgehalt in den Pflanzen am höchsten, ist der richtige Erntezeitpunkt gekommen. Eine allgemeine Regel besagt, dass Blätter und Blüten kurz vor Blühbeginn bzw. Öffnen der Blüten zu ernten sind. Der Gehalt an Wirkstoffen ist dann am höchsten, da diese Reserven noch nicht durch Blüten- und Samenbildung aufgezehrt sind. Dennoch kann man in vielen Fällen, die Kräuter zur vollen Blüte ernten.

Das Kraut und die Blüten werden in den Vormittagsstunden, sobald der Tau getrocknet ist, geerntet. Samen werden in den frühen Morgenstunden geerntet, da aus den taufeuchten Fruchtständen die einzelnen Samenkörner weniger herausfallen. Auf die Wurzelernte hat die Tageszeit keinen Einfluss.

▸ Richtiges Ernten

Um die Küche oder die Hausapotheke kurzfristig aufzufrischen, können in der gesamten Vegetationszeit frische Blätter und Sprosse gepflückt werden.

Frischkräuterernte Bei der Frischkräuterernte sind die abgeschnittenen Pflanzenteile vorsichtig in einen flachen Korb zu legen. Plastiktüten, Säcke oder Taschen eignen sich nicht, da das Erntegut in ihnen anfängt zu schwitzen. Kräuter, die in der freien Natur gesammelt werden, sind genau zu bestimmen. Zu häufig kam es bereits vor, dass Verwechslungen zu schweren Vergiftungen geführt haben. Ist man sich nicht sicher, sollte unbedingt der Rat eines Fachmanns hinzugezogen werden. Zieht man geschützte Kräuter im Garten an, so können sie bedenkenlos geerntet werden. Sie jedoch in freier Wildbahn zu pflücken, ist streng verboten. Ebenfalls ist auf Kräuter zu verzichten, die am Straßenrand wachsen. Sie sind durch Abgase und Rußpartikel nicht brauchbar. In Gegenden, in denen der Fuchsbandwurm auftritt, sollte auf eine Ernte in der freien Natur – insbesondere in Waldnähe – verzichtet werden.

Blatternte Bei der Blatternte werden die jungen Blätter der Triebspitzen bevorzugt. Sie sind am zartesten, besitzen ein intensives Aroma und lassen sich gut in der Küche

***Bei Küchenkräutern** werden die Blätter frisch geerntet.*

Erntekalender

Haupterntemonat	Kraut
März	*Alantwurzel, Gänseblümchen, Hirtentäschel, Huflattich, Veilchen*
April	*Bärlauch, Brunnenkresse, Knoblauchkraut, Löwenzahn, Ringelblumenkraut, Sauerampfer, Vogelmiere*
Mai	*Brennnessel, Eibisch, Kamille, Knoblauch, Liebstöckel, Petersilie, Sanikel, Waldmeister*
Juni	*Bergminze, Borretsch, Gamander, Kornblume, Malve, Odermennig, Poleiminze, Rauke, Rosmarin, Salbei, Thymian*
Juli	*Arnika, Basilikum, Beifuß, Bibernelle, Dost, Eibisch, Eisenkraut, Frauenmantel, Johanniskraut, Lorbeer, Ringelblume, Wermut, Ysop*
August	*Anis, Bohnenkraut, Goldrute, Fenchel, Knoblauch, Koriander, Majoran, Nachtkerze, Petersilie*
September	*Arnika, Dill, Engelwurz, Ringelblume*
Oktober	*Alantwurzel, Baldrianwurzel, Eibischwurzel, Liebstockwurzel, Meerrettich, Sauerampfer*

verarbeiten. Wegen des hohen Wasseranteils der saftigen Blätter vieler Salatkräuter sollten sie kurz nach der Ernte entweder gleich verwendet oder konserviert werden.

Gesamtes Kraut Beabsichtigt man, das gesamte Kraut zu verwenden, so sollte man es kurz vor der Blüte ernten. Einjährige Kräuter werden ca. 10 cm über dem Boden abgeschnitten, bei ausdauernden Kräutern wird das obere Drittel abgeerntet.

Blütenernte Bei der Ernte der Blüten ist auf beschädigte, kranke oder verwelkte Blüten zu verzichten. Sie könnten beim Trocknungsprozess gesundes Erntegut unbrauchbar machen. Gepflückte Blüten sind locker in einem offenen Behälter aufzubewahren, um dem Schwitzen entgegenzuwirken.

Samenernte Kräutersamen sind in ihrer Vollreife zu ernten. Man erkennt den richtigen Zeitpunkt, wenn man mit der Hand versucht, die Samen aus den Fruchtständen abzustreifen. Lassen sie sich leicht entfernen, sind sie reif. Diese Vorgehensweise gilt auch bei der Ernte. Tabletts helfen die Samen aufzufangen. Leichter ist es jedoch, die gesamten Fruchtstände abzuschneiden und sie vorsichtig in einen Stoffbeutel zu stecken. In Heimarbeit werden dann die Samen getrennt und in kleine etikettierte Papiertütchen umgefüllt.

Wurzeln und Rhizome Diese unterirdischen Pflanzenorgane werden während der Vegetationsruhe im Herbst oder Frühjahr gesammelt. Wenn der oberirdische Spross abgestorben ist, können sie ausgegraben werden. Die Wurzeln einjähriger Kräuter sind am Ende ihrer Entwicklung zu entnehmen. Ausdauernde Kräuter müssen erst zwei oder drei Jahre alt sein, um die Wurzeln verwenden zu können. Erst dann besitzen sie den höchsten Wirkstoffgehalt. Das unterirdische Erntegut ist sehr behutsam zu säubern, da bei vielen Kräutern, die Wirkstoffe in den äußeren Zellen konzentriert sind und verloren gehen könnten.

***Die Kräuterernte** ist in den Vormittagsstunden am günstigsten.*

***Bei Meerrettich** wird nur die Hauptwurzel geerntet. Die Seitenwurzeln werden zur Nachzucht wieder eingepflanzt.*

TIPP

Immergrüne Kräuter wie Bergbohnenkraut, Thymian oder Tripmadam lassen sich sogar im Winter ernten. Ihr bestes Aroma entwickeln sie allerdings erst kurz vor der Blüte.

Trocknen und Aufbewahren

Über das Jahr hat man immer die Möglichkeit, Kräuter frisch aus dem Garten zu holen. Im Winter jedoch ist man auf gesammelte Kräuter angewiesen. Wenn man sie das ganze Jahr über geerntet hat, stehen sie nach einer Trocknung auch in der kalten Jahreszeit zur Verfügung. Besonders die Teegenießer möchten nicht auf die gesunde Kraft von Blättern, Blüten und Früchten verzichten.
Eine wichtige Notwendigkeit ist die Hausapotheke, die jahreszeitlich bedingte Krankheiten lindern oder heilen soll. Sie besteht zum großen Teil aus getrockneten Kräutern, die zumeist aus dem eigenen Garten stammen. Das Trocknen ist ein Konservierungsprozess und macht die geernteten Pflanzenteile haltbar. Ist alles Wasser aus den Zellen verschwunden, muss man sie richtig aufbewahren, damit ihr Aroma und ihre Wirkung erhalten bleibt.

▸ Trocknen von Kräutern

Nahezu alle Kräuter beginnen kurz nach dem Schnitt zu welken und verändern ihren Stoffwechsel, da die Nährstoff- und Wasserversorgung unterbunden wird. Durch den Einfluss einiger Enzyme gehen Aromastoffe verloren. Aus diesem Grunde ist es notwendig, den Trocknungsprozess möglichst schnell einzuleiten. Wie schnell ein Pflanzenteil trocknet, hängt von der Pflanzenart, der Temperatur und dem Luftwechsel ab. Hohe Temperaturen allein sind nicht maßgebend. Zwar wird den Pflanzenteilen das Wasser schneller entzogen, jedoch gehen auch ätherische Öle verloren. Besser eignet sich die schrittweise Trocknung.

Blätter und Sprosse Als Erstes sind die Blätter und Sprosse von Erde und Staub zu befreien und, wenn nötig, abzuwaschen. Danach werden sie in kleinen Bündeln mit maximal zehn Stielen kopfüber an eine warme, trockene und dunkle Stelle gehängt. In den meisten Fällen wird dazu der Dachboden genutzt. Größere Bündel sind keinesfalls zu empfehlen, da ansonsten die Luftumwirbelung zum Erliegen kommt. Optimal für die Trocknung wäre in den ersten 24 Stunden eine Temperatur von ungefähr 32 °C und danach 25 °C. Bei diesen Temperaturen sind die Pflanzenteile nach 4 bis 5 Tagen trocken. Lässt man die Trockenkräuter anschließend 1 bis 2 Wochen an einem kühleren trocknen Ort liegen, stabilisiert sich das vorhandene Aroma.
Wenn der Dachboden oder die Trocknungsstelle sehr staubig ist, können die Bündel locker mit Papier umwickelt werden. Kleine Pflanzenmengen können auch auf Gaze, die in einem Rahmen gespannt ist, gestreut werden. Dadurch wird die Luftzirkulation angeregt und die Pflanzenteile werden vor dem Verstauben geschützt. Getrocknete Blätter müssen leicht zerbrechlich sein, jedoch nicht gleich zu Pulver zerfallen. Handelt es sich um stark aromatische Kräuter, beispielsweise Melisse oder Minze, sind sie getrennt von den anderen zu trocken.

Blüten Blüten werden genauso getrocknet, wie es bei Blättern und Sprossen üblich ist. Bei der richtigen Methode behalten sie ihre Farbe und verblassen nicht. Soll die Form empfindlicher Blüten, wie zum Beispiel von Borretsch oder Veilchen, erhalten bleiben, sind sie vorsichtig auf eine Unterlage zu legen. Kleine Blüten von Kamille, Lavendel oder Salbei werden als Ganzes getrocknet. Bei großen Blüten, beispielsweise von Ringelblumen, werden hingegen nur die Blütenblätter aufbewahrt. Gewöhnlich

***Zur besseren Trocknung** werden die Blätter nebeneinander gelegt.*

***Getrocknete Blätter und Blüten** kurz nach der Ernte*

***Sprosse** werden kopfüber in dünnen Bündeln zum Trocknen aufgehängt.*

TIPP

Trockenkräuter haben eine allgemeine Haltbarkeit von ungefähr einem Jahr. Wird zwischenzeitlich Feuchtigkeit, Insekten- oder Pilzbefall festgestellt, müssen die Kräuter weggeworfen werden.

dauert die Trocknung der Blüten zwei bis drei Wochen. Abgeschnittene Fruchtstände, etwa ehemalige Blütendolden von Dill oder Fenchel, werden kopfüber aufgehängt und ein großes Tablett oder Papier darunter gelegt. Diese Hilfsmittel dienen als Samenfänger. Nachhelfen lässt sich durch behutsames Schütteln der Fruchtstände. Zwei Wochen sollten die Samen an diesem Ort austrocknen. Nach dieser Zeit werden sie in dunkle Behälter gefüllt und luftdicht verschlossen.

Wurzeln Vor der Trocknung müssen Wurzeln vorsichtig mit Wasser gereinigt werden. Bei dicken Wurzeln ist es ratsam, sie längs aufzuschneiden und anschließend in kleine Stücke zu zerlegen. Die bisher erwähnten Trockentemperaturen reichen bei dem unterirdischen Erntegut nicht aus, sodass eine Verwendung eines Backofens mit einer Temperatur von 50 bis 60 °C zu empfehlen ist. Getrocknete Wurzeln werden in dunkle Behälter gefüllt und luftdicht verschlossen. Einige Kräuter nehmen die Luftfeuchtigkeit auf und werden somit unbrauchbar.

Aufbewahrung der getrockneten Kräuter

Getrocknete Blätter sind vor der Aufbewahrung von ihren Sprossen zu trennen. Die Qualität des Aromas bleibt erhalten, wenn die Blätter nicht zerbrochen werden. Als Behältnisse empfehlen sich dunkle luftdichte Gläser, die vor Feuchtigkeit, Licht und Staub schützen. Sowohl Plastik- als auch Metallgefäße sind aufgrund möglicher chemischer Reaktionen ungeeignet. Findet man in den Gläsern Kondenswasser vor, sind die Pflanzenteile nicht ausreichend getrocknet worden. Die genaue Etikettierung mit Datum und Namen hilft der schnelleren Bestimmung der Gefäße und vermeidet unnötige Verwechslungen.

***Zur Aromastabilisierung** sind Kräuter in dunklen Gefäßen luftdicht aufzubewahren.*

Kräuter konservieren

Neben dem Trocknen gibt es weitere Möglichkeiten, um Kräuter haltbar zu machen. Zwar sind sie meist nicht so bekannt, jedoch in vielen Fällen eine interessante Alternative. Grundsätzlich ist man bestrebt, durch verschiedene Behandlungen die Kräuter für längere Zeit haltbar zu machen, sodass sie im Küchengebrauch einsetzbar sind. Je nach Art der späteren Verwendung bieten sich unterschiedliche Methoden an.

▸ Kräuter einfrieren

Eine der bekanntesten und beliebtesten Konservierungsmethoden ist das Einfrieren, das sehr einfach und leicht durchzuführen ist . Die Kräuter büßen hierbei allerdings ihre dekorative Optik gänzlich ein, sodass es günstig ist, sie fertig zubereitet einzufrieren. Es spielt keine Rolle, ob es sich dabei um Fleisch-, Salat- oder Suppenwürze handelt. Frische Kräuter aus dem Garten haben das beste Aroma für gefrorene Kräutermischungen. Nach der Ernte werden die Kräuter kurz mit Wasser überspült, um Erde und Staub abzuwaschen. Die grobe Feuchtigkeit lässt sich durch Küchentücher oder einfaches Schütteln nehmen. Am einfachsten ist es, die Kräuter einzeln oder in Gewürzsträußen in Plastikbeuteln einzufrieren. Die darin befindliche Luft muss herausgestrichen werden, um Erfrierungen zu vermeiden. Aufwändiger ist es, Eiswürfel herzustellen: Die sauberen Kräuter werden mit Messer oder Kräuterwiege kleingeschnitten und eventuell zu individuellen Kräutermischungen zusammengemischt. Einzeln oder in Mischungen werden die Kräuter in die Eiswürfelpackungen gefüllt. Die Beschriftung mit einem wasserfesten Stift weist auf den Inhalt hin. Zum Kochen reicht 1 Teelöffel Kräuter pro Eiswürfel aus. Die gleiche Menge Wasser wird über die Kräuter gegossen und die fertigen Packungen werden in den Gefrierschrank gestellt. Eingefrorene Kräuterreserven sollten binnen eines halben Jahres verbraucht werden.

Witzig und kreativ: *Kräuterblüteneiswürfel*

TIPP

Kräuter, die sich zum Einfrieren eignen, sind Basilikum, Beifuss, Bohnenkraut, Dill, Estragon, Guter Heinrich, Liebstöckel, Majoran, Petersilie, Pimpinelle, Schnittlauch und Zitronenmelisse.

Frische Kräuter *lassen sich durch Einsalzen haltbar machen.*

▸ Einsalzen von Kräutern

Die Konservierung durch Salz ist heutzutage kaum noch üblich, obwohl sie sehr einfach ist. Als Grundlage dienen wie beim Einfrieren saubere Kräuter aus dem Garten. Vor dem Einlagern werden sie klein geschnitten. Passende Behälter sind Gläser, die man zur Aufbewahrung dunkel stellen sollte. In diese Gläser werden in abwechselnden Schichten Kräuter und Salz gefüllt. Wenn das Glas voll gefüllt

Besonders aromatische Kräuter *werden in Ölen konserviert.*

ist, wird es luftdicht verschlossen. Natürlich können auch ganze Mischungen eingesalzen werden, indem man ca. 200 g Salz mit einem kg Frischkräuter mischt.

▸ Kräuter in Essig oder Öl konservieren

Besonders aromatische Kräuter, beispielsweise Basilikum, Bohnenkraut, Dill, Estragon oder Rosmarin, lassen sich mit Essig oder Öl haltbar machen. Diese würzigen Öle sind Bestandteil vieler Speisen, vielfach mediterraner Spezialitäten. Für die Herstellung werden frische Kräuterzweige benötigt, die zusammen mit pflanzlichem Öl von Disteln, Sonnenblumen oder Oliven in hohe Gläser oder Flaschen gegeben werden. Nach dem Befüllen sind sie zu verschließen und an einen halbschattigen Platz am Fenster zu stellen. Ungefähr zwei Wochen sollten die Kräuter im Öl ziehen. Nach Ablauf dieser Zeit wird das aromatisierte Öl durch ein Tuch gefiltert. Die anschließende Geschmacksprobe zeigt, ob das Aroma des Öls den Ansprüchen genügt. Wenn das Öl in Ordnung ist, kann es in saubere Flaschen umgefüllt werden. Ist man mit dem Aroma noch nicht zufrieden, wird das bereits aromatisierte Öl nochmals mit neuen Frischkräutern angesetzt und danach lässt man es zwei weitere Wochen ziehen.

Eine ähnliche Variante ist die Konservierung mit Essig. Beliebt ist sie wegen ihrer dekorativen Optik, die am besten im Küchenregal zur Geltung kommt. Als Grundlage dienen 5 bis 6-prozentige Obst-, Wein- oder Branntweinessige. Von den Kräutern werden entweder die Blätter, Blüten- und Blütendolden oder Sprossspitzen verwendet. Als Maßzahl wird empfohlen, pro Liter Essig 5 bis 6 Kräuterzweige zu verwenden. Die vorbereiteten Frischkräuter werden entweder einzeln oder in einer Würzmischung in eine saubere Flasche gesteckt. Anschließend wird diese mit Essig aufgefüllt und 3 bis 4 Wochen zum Ziehen ins Regal gestellt. Je länger der Zeitraum der Reife ist, desto intensiver entwickelt sich das Aroma des Kräuteressigs. Während dieser Zeit sollte man ihn gelegentlich kontrollieren, beispielsweise durch die vorzeitige Verwendung in Salaten. Wenn die Würze als ausreichend empfunden wird, wird der Essig durch ein Tuch gefiltert und in eine saubere Flasche gefüllt. Die mit Kräutern angesetzten Flaschen sind eine beliebte Geschenkidee, die immer positiven Anklang findet.

Kräuteressige und -öle *sind beliebte Geschenkideen.*

Verwendung in der Küche

Wenn man von Kräutern spricht, denkt man als Erstes an ihre Würzkraft, die in der Küche Verwendung findet. Bei vielen Speisen spielen sie nur eine Nebenrolle, die jedoch jedem Gericht den letzten Schliff gibt. Nicht umsonst bezeichnet man Gewürze als die Seele der Kochkunst. Ohne Küchenkräuter hinterlässt das Essen einen faden Eindruck. Zudem sind in Kräutern viele gesunde Inhaltsstoffe konzentriert, wie Mineralien, Spurenelemente und Vitamine. Das gestiegene Interesse am Kochen der letzten Jahre hat die Würzpflanzen wieder verstärkt in den Blickpunkt gerückt.

***Deftige Fleischgerichte** werden durch Kräuter verdaulicher.*

Deftige Speisen und dazu passende Kräuter

Gericht	Kräuter
Ente	*Estragon, Liebstöckel, Lorbeer, Majoran, Rosmarin, Salbei*
Gans	*Fenchel, Majoran, Salbei*
Hühnchen	*Bohnenkraut, Estragon, Fenchel, Kerbel, Majoran, Melisse, Minze, Petersilie, Schnittlauch, Thymian*
Rind	*Basilikum, Bohnenkraut, Estragon, Kerbel, Kümmel, Liebstöckel, Lorbeer, Majoran, Oregano, Petersilie, Rosmarin, Salbei, Thymian*
Schwein	*Fenchel, Kerbel, Koriander, Liebstöckel, Majoran, Rosmarin, Salbei, Thymian*
Lamm	*Basilikum, Bohnenkraut, Dill, Kerbel, Liebstöckel, Majoran, Petersilie, Rosmarin, Thymian, Zitronenmelisse*
Kaninchen	*Basilikum, Liebstöckel, Lorbeer, Majoran, Rosmarin, Salbei*
Wild	*Bohnenkraut, Liebstöckel, Lorbeer, Majoran, Rosmarin, Salbei*
Fisch	*Basilikum, Dill, Fenchel, Kerbel, Kümmel, Liebstöckel, Lorbeer, Majoran, Schnittlauch, Thymian, Zitronenmelisse*
Meeresfrüchte	*Basilikum, Dill, Estragon, Fenchel, Kerbel, Lorbeer, Majoran, Rosmarin, Schnittlauch, Thymian*

▸ Kräuter für deftige Speisen und Fleischgerichte

Viel zu häufig stehen in dieser schnelllebigen Zeit fette oder schwer verdauliche Gerichte auf dem Speiseplan. Sie sind ein Grund, weshalb immer häufiger Herz- und Kreislaufbeschwerden Menschen belasten. Durch Verwendung vieler Küchenkräuter ließen sich auch Verdauungsbeschwerden vermeiden. Früher wurden Kräuter für die Konservierung von Fleisch gebraucht. Es wird zudem behauptet, dass die starken Aromen lange Zeit genutzt wurden, um die mangelnde Fleischfrische zu überdecken. Heutzutage werden sie vorrangig eingesetzt, um den Eigengeschmack des Fleisches zu fördern oder magerem Fleisch ein besseres Aroma zu verleihen. Bedingt durch gewisse Ver-

Durch die Zugabe *von Kräutern erhalten viele Gerichte erst den letzten Schliff.*

träglichkeiten passt nicht jedes Kraut zu jedem Fleisch.

▸ Eintöpfe und Suppen

In den meisten Fällen handelt es sich bei Eintöpfen und Suppen um leichte Speisen, die sich schnell verdauen lassen. Sie sind sehr stark auf aromatische Inhaltsstoffe angewiesen, da sie ohne ausreichend Würzkraft fade schmecken. Abhängig von der Region, finden sich die verschiedensten Kräuter in Eintöpfen und Suppen wieder. Das Experimentieren schadet zwar nicht, jedoch sollte auf großzügige und willkürliche Kräuterzusammenstellungen verzichtet werden, da die Würze der einzelnen Kräuter untergeht.

TIPP

Zu den beliebtesten Suppenkräutern zählen Bohnenkraut, Estragon, Kerbel, Knoblauch, Liebstöckel, Lorbeer, Majoran, Minze, Petersilie, Rosmarin, Sauerampfer, Thymian und Zitronenmelisse. Tomatensuppen werden vorwiegend mit Basilikum, Dill, Estragon, Majoran, Oregano und Thymian verfeinert.

▸ Kräutergelee

Die Verwendung aromatischer Kräuter bei Gelee und Marmeladen ist eine wertvolle Bereicherung. Äpfel dienen in den häufigsten Fällen als Grundmasse. Kurz vor dem Kochen des Kräutergelees werden Frischkräuter zugegeben, die nach dem Kochen durch Abseihen wieder herausgefiltert werden. Vor dem Abkühlen wird das Gelee oder die Marmelade in trockene saubere Gläser abgefüllt. Um sich das Abseihen zu ersparen, kann der Wasseranteil durch stark aromatischen Kräutertee ersetzt werden, sodass keine Kräuter direkt verwendet werden müssen.

▸ Kräuter als Brotwürze

Wer seine Brötchen selber backt, kann sie durch Zugabe von gewissen Würzkräutern bereichern. Bei der Teigherstellung können Dill, Fenchel, Koriander, Kümmel, Rosmarin, oder Thymian zugegeben werden. Die Brötchen erhalten so einen bedeutend würzigeren Geschmack.

Mit dem Kräutergarten *auf der Fensterbank hat man frische Würze immer gleich zur Hand.*

Beilagen und Salate

Für viele Köche befinden sich Salate auf der Beliebtheitsskala ganz oben. Ihre Herstellung bietet unzählige Möglichkeiten, die eigene Kreativität auszuleben. Salate können entweder aus rohen oder gegarten Zutaten bestehen. Selbst Beilagen wie Eier, Fleisch oder Käse können in Salaten Verwendung finden.

Oberste Prämisse ist die absolute Frische. Man kann noch so viel Mühe investieren, wenn die Zutaten nicht frisch sind, kann ein knackiger Salat nicht gelingen. Ordentlich zubereitet, können Salate ein Schlemmervergnügen für zwischendurch oder eine kleine Hauptmahlzeit sein. Ihr hoher Gesundheitswert, der durch Ballaststoffe, Mineralien, Spurenelemente und Vitamine zustande kommt, ist zu jeder Tageszeit empfehlenswert. Die gesunde Wirkung ist besonders nach dem Winter für den menschlichen Organismus von Bedeutung. Frühlingssalate entschlacken den Körper von angestauten Stoffwechselendprodukten und Giftstoffen. Sie bringen damit nicht nur den Kreislauf wieder in Schwung, sondern stimulieren auch den Geschmackssinn. Ähnlich verhält es sich mit Gemüsebeilagen, die bei keinem Fleischgericht fehlen sollten. Um diese Beilagen noch schmackhafter zu machen, bieten sich viele Küchenkräuter geradezu an.

TIPP

Zu den besten Salatkräutern zählen Basilikum, Bohnenkraut, Borretsch, Brennnessel, Brunnenkresse, Dill, Estragon, Fenchel, Kerbel, Kümmel, Liebstöckel, Majoran, Minze, Petersilie, Rauke, Sauerampfer, Schnittlauch, Süßdolde, Thymian und Zitronenmelisse.

***Salbeiblüten** sind eine beliebte Verzierung vieler Salate.*

Geeignete Garnierungen

Kraut	Botanischer Name	Garnierung
Blutampfer	*Rumex sanguineus*	*rot geaderte Blätter für Salate*
Borretsch	*Borago officinalis*	*Blüten für Eintöpfe, Salate und Suppen*
Indianernessel	*Monarda didyma*	*Blüten für Salate und Speisen*
Kapuzinerkresse	*Tropaeolum majus*	*Blüten für Salate*
Lavendel	*Lavendula angustifolia*	*Blüten für Speisen*
Löffelkraut	*Cochlearia officinalis*	*Blüten für Salate*
Majoran	*Origanum majorana*	*Blüten für Speisen*
Malve	*Malva sylvestris*	*Blüten für Salate und Speisen*
Panaschierte Pfefferminze	*Mentha x piperita 'Variegata'*	*Zweige für Salate und Speisen*
Schnittlauch	*Allium schoenoprasum*	*Blüten für Salate*
Thymian	*Thymus vulgaris*	*Blüten für Salate und Speisen*
Tripmadam	*Sedum reflexum*	*Triebe für Salate*
Ysop	*Hyssopus officinalis*	*Blüten für Speisen*
Zitronenmelisse	*Melissa officinalis*	*Zweige für Salate und Speisen*

Garnierungen

Wie jedermann weiß, isst das Auge immer mit. Ein Gericht kann mit noch so viel Liebe zubereitet sein, wenn es nicht ansprechend aussieht, kann man es nicht so richtig genießen. Sowohl dekorative Blätter als auch essbare Blüten verwöhnen das Auge und den Gaumen. Wenn auch nicht allgemein üblich, kann man diese Garnierungen auch essen.

Man sollte sich nicht beirren lassen, wenn man zum Teil geschmackliche Unterschiede zu dem eigentlichen Kraut feststellt.

***Kräutersalate** entschlacken und bringen den Kreislauf in Schwung.*

TIPP

Empfehlenswerte Kräuter für würzige Quarkaufstriche sind Basilikum, Brunnenkresse, Dill, Estragon, Guter Heinrich, Kapuzinerkresse, Kresse, Löffelkraut, Pimpinelle, Schnittknoblauch, Schnittlauch und Zitronenmelisse.

▸ Kräuterquark und Desserts

Würziger Kräuterquark wird vorrangig als gesunder Brotbelag verwendet. Grundmasse ist gewöhnlicher Quark, der mit frischen Küchenkräutern verrührt wird. Der Quark eignet sich hervorragend zum Experimentieren mit den verschiedenen Kräutern, wobei letztendlich der eigene Geschmack entscheidet. Ist die Konsistenz zu fest, wird etwas Milch zugegeben, damit der Quark flüssiger wird.

***Wildkräutersalat** mit Gänseblümchen und Kräuterquark*

Den Abschluss eines Essens bildet meistens ein Dessert. Passend zu dem würzigen Hauptgang, kann ebenfalls die Nachspeise durch Kräuter bereichert werden. Vielfach handelt es sich um Süßspeisen, die durch vergleichsweise liebliche Aromen unterstrichen werden. Die Süße wird durch den Einfluss der Kräuter verfeinert. Beliebte Kräuter sind weniger im Standardsortiment zu finden. Zu ihnen gehören beispielsweise Ananassalbei (*Salvia elegans*), Anisysop (*Agastache foeniculum*), Orangenminze (*Mentha piperita* var. *citrata*), Orangenthymian (*Thymus fragrantissimus*), Zitronenthymian (*Thymus* x *citriodorus*) oder Zitronenverbene (*Aloysia triphylla*).

***Kapuzinerkresse-Blüten** machen jeden Salat zu einem Augenschmaus.*

Kräuterbutter

Kräuterbutter wird ähnlich wie Kräuterquark als Brotaufstrich oder Zutat für Brat- oder Backspeisen verwendet und stellt zudem auch eine Konservierungsmethode von Kräutern dar.

Für die Herstellung wird als Grundmasse kühle feste Rahmbutter verwendet. Sie wird in ein Gefäß gefüllt und mit einem Mixer cremig geschlagen. Aromatische Küchenkräuter, die zuvor im Garten geerntet, aufbereitet und klein geschnitten wurden, werden während des ständigen Rührens zugegeben. Gepresster Knoblauch und Zitronensaft verstärken das spätere Aroma. Um der Butter den endgültigen Schliff zu geben, kann mit einer Prise Salz und Pfeffer der Geschmack nach dem eigenen Befinden abgestimmt werden. Gerührt wird solange, bis die Kräuter gleichmäßig vermischt sind. Die fertig verrührte Butter wird entweder in kleineren Behältern oder Eiswürfelbehälter gefüllt und oben glatt abgestrichen. Die Gefäße sollten mit einem Deckel verschlossen werden. Anschließend sind sie entweder in den Kühlschrank zu stellen oder im Gefrierschrank schockzufrieren.

Durch das Einfrieren erreicht man eine längere Haltbarkeit, die bis zu einem halben Jahr nach der Herstellung anhält. Die Verwendung von Eiswürfelbehältern hat den Vorteil, dass Kräuterbutter portionsweise entnommen werden kann, ohne mehrere Stücke auftauen zu müssen.

Wie auch beim Quark gibt es verschiedene Geschmacksvarianten. Nahezu jedes aromatische Küchenkraut eignet sich für Kräuterbutter. Am beliebtesten sind Basilikum, Dill, Estragon, Kerbel, Liebstöckel, Majoran, Oregano, Petersilie, Pimpinelle, Rosmarin, Salbei, Schnittlauch, Thymian und Zitronenmelisse.

***Kräuterbutter** wird mit frischen Kräutern angerührt.*

***Borretschblüten** werden gerne als Garnierung verwendet.*

TIPP

Bei der Herstellung von Kräuterbutter verwendet man am besten frische Kräuter, und zwar möglichst nicht mehr als fünf verschiedene, da sich sonst die Aromen gegenseitig zu sehr überdecken.

Kräuterdrinks

Das älteste Getränk, das aus Kräutern zubereitet wird, ist der Tee. Sein Bekanntheitsgrad und die gesunde Wirkung sind unübertroffen. Jedoch handelt es sich nicht unbedingt um einen Kräuterdrink. Als bekanntesten und einfachsten Drink lässt sich die Kräutermilch

bezeichnen. Durch ihre Aromatisierung wird sie selbst für diejenigen bekömmlich, die sonst Milch weniger gern trinken.
Frische Kräuter aus dem Garten werden vorsichtig gewaschen und klein geschnitten. Hierbei lassen sich die aromatischsten Lieblingskräuter verwenden. Vier bis fünf Esslöffel werden in einen Liter kalte Milch gegeben. Alternativ eignet sich auch Buttermilch. Um die Kräuter gleichmäßig zu verteilen, empfiehlt sich der Einsatz des Mixers. Nach einem kurzen Ziehen kann die fertige Kräutermilch in Gläsern serviert werden.
Als Ersatz für Kräutermilch können Trink-Joghurts dienen. Hergestellt werden sie auf die gleiche Weise wie Kräutermilch. Durch die verwendeten Kräuter erhalten die Getränke entweder einen würzigherben oder mild-süßen Geschmack. In nur zwei bis drei Minuten lässt sich der leicht verdauliche Trink-Joghurt anrichten.

Aber auch für die Freunde exklusiver Cocktails bieten Kräuter so manche interessanten Möglichkeiten. Die meisten kennen als Kraut nur die Minze vom Mojito. Aber statt der bekannten Garnierung gibt es auch reine Kräutercocktails, die zu Festivitäten oder Veranstaltungen einen nachhaltigen Eindruck hinterlassen. Es gibt unzählig viele Varianten für diese beliebten Drinks, sodass man entweder seiner Kreativität freien Lauf lassen kann oder in einem entsprechendem Cocktailbuch Anregungen findet. Besonderer Beliebtheit erfreuen sich die Kräuter, die ein mildfruchtiges oder mild-süßliches Aroma besitzen. Mischungen mehrerer Kräuter sind ungünstig, da die einzelnen Aromen untergehen. Sind die verwendeten Kräuteranteile nicht zart genug, müssen sie klein geschnitten werden. Blüten oder junge Blätter können ohne Zerkleinerung gemeinsam mit Eis in den Mixer gegeben werden.

TIPP

Die besten Cocktailkräuter sind Anis, Basilikum, Borretsch, Dill, Estragon, Kapuzinerkresse, Kerbel, Lavendel, Petersilie, Minze, Rosmarin, Sauerampfer, Wermut, Zitronengras, Zitronenthymian, Zitronenmelisse und Zitronenverbene.

Durch den Rührvorgang werden die Pflanzenteile so klein, dass sie im späteren Cocktail keine Trinkprobleme verursachen. Die meisten Kräuterdrinks werden mit Milch hergestellt und durch alkoholische Zusätze oder Fruchtsirups verfeinert. Damit sich das Aroma der verwendeten Kräuter entfalten kann, ist es ratsam, den Cocktail vor dem Trinken kurz durchziehen zu lassen. Um die Optik aufzuwerten, wird als zierende Garnierung entweder eine Blüte oder ein Zweiglein des jeweiligen Krautes verwendet.

***Kräutergelees** sind die würzige Alternative zu süßen Marmeladen.*

***Kräuterdrinks** passen gut zu Salaten, sind schmackhaft und gesund.*

***Aus eigenen Gartenkräutern** lässt sich Kräutermilch herstellen.*

Kräuter und Gesundheit

Die heilenden Kräfte der Kräuter sind seit Menschengedenken bekannt. Beschwerden, Krankheiten und Leiden der verschiedensten Art können durch unterschiedliche Anwendungen gelindert oder sogar geheilt werden. Eine Hausapotheke mit verschiedenen Kräutern ist heutzutage besonders bei kleineren Beschwerden von Nutzen. Den Gang zum Arzt kann sie natürlich bei lang anhaltenden oder schwerwiegenden Beschwerden nicht ersetzen! Auch in der Medizin wird die pharmakologische Wirkung vieler Heilkräuter genutzt. Ihre Inhaltsstoffe kommen dort in einer bedeutend höheren Konzentration vor, als man es mit herkömmlichen Anwendungen erreichen kann. Dennoch bieten traditionelle Anwendungen genügend Möglichkeiten, Beschwerden zu lindern. Aufgrund der Wirkung von Kräutertees sollte jedoch darauf geachtet werden, dass sie nicht über längere Zeit in größeren Mengen getrunken werden.

▸ Abkochungen, Aufgüsse und Tees

Der Kräutertee ist die bekannteste und gleichzeitig die beliebteste Form, die Heilkraft von Kräutern zu nutzen. Dabei handelt es sich entweder um eine Abkochung oder im häufigsten Fall um einen Aufguss. Beim Aufguss werden Kräuter verwendet, die flüchtige Bestandteile, intensives Aroma und aktive Wirkstoffe besitzen. Durch die Einwirkung von Wasser und Wärme werden diese herausgelöst. Gewöhnlich handelt es sich dabei um Blätter, Blüten und Triebe, die einen hohen Gehalt an ätherischen Ölen aufweisen. Bei der Herstellung werden zumeist getrocknete Kräuter verwendet, da ihre Wirkstoffe konzentrierter vorliegen als in frischer Form. Sie werden in genau dosierter Menge mit kochendem Wasser in einem Glas- oder Keramikgefäß überbrüht. Anschließend wird der Aufguss umgerührt und abgedeckt. Unter gelegentlichem Umrühren lässt man ihn je ca. zehn Minuten ziehen und seiht den gewonnenen Aufguss durch ein Sieb oder Tuch. Die Zeit des Ziehens ist ausschlaggebend für das Aroma, die Farbe und die Wirkung. Sie lässt sich nach dem persönlichen

***Ein Aufguss aus Heilkräutern** hilft bei den unterschiedlichsten Beschwerden – schweißtreibender Holunderblütentee bei Erkältungskrankheiten.*

Verwendung wichtiger Heilkräutertees und -abkochungen

Anwendungsgebiet	Heilkräuter
Erkältungen	*Anis, Dost, Huflattich, Salbei, Spitzwegerich, Thymian, Ysop*
Magen und Darm	*Alant, Fenchel, Kamille, Kümmel, Liebstöckel, Schafgarbe*
Appetitlosigkeit	*Beifuß, Petersilie, Pimpinelle, Salbei, Thymian, Wermut*
Verdauung	*Dill, Estragon, Koriander, Pimpinelle, Rosmarin, Salbei, Thymian*
Nervenleiden	*Baldrian, Johanniskraut, Kamille, Lavendel, Minze, Zitronenmelisse*
Herz und Kreislauf	*Baldrian, Herzgespann, Lavendel, Rosmarin, Zitronenmelisse*
Kopfschmerzen	*Mutterkraut, Pfefferminze, Zitronenmelisse*
Wundbehandlung	*Aloe, Beinwell, Eibisch, Kamille, Ringelblume, Schafgarbe*
Harnverhaltung	*Borretsch, Brennnessel, Estragon, Kerbel, Minze, Petersilie*

Geschmack oder nach Notwendigkeit verändern.
Nicht jedes Kraut gibt seine Wirkstoffe sofort frei, was man an einem relativ schwachen Aroma feststellen kann. Dazu gehören besonders harte, wasserbeständige Pflanzenteile, wie zum Beispiel Rinde, Samen und Wurzeln. Damit die Wirkstoffe nutzbar werden, ist eine Abkochung bzw. ein Dekokt anzusetzen. Dabei wird die vorgeschriebene Dosierung in kochendes Wasser gegeben und das Gefäß mit einem Deckel verschlossen. Diese Mixtur lässt man zehn bis zwanzig Minuten köcheln. Es entsteht eine Abkochung, die durch ein Sieb oder Tuch gefiltert wird. Wie beim Aufguss entscheidet die Zeit des Kochens über Aroma, Farbe und die letztendliche Wirkung. Um die Wirkung zu verstärken, kann man die Wassermenge reduzieren oder die Kräuter bereits vor dem Kochen ins Wasser legen.
Zum Trinken sollte man sowohl Aufgüsse als auch Abkochungen etwas abkühlen lassen, sodass ihre Temperatur warm bis lauwarm ist. Ist der Geschmack zu bitter, lassen sie sich nach Belieben süßen.
Der Genuss als Tee ist die üblichste Verwendungsart.

Eine andere Verwendungsform sind getränkte Kompressen und Umschläge, die äußerlich angewendet werden. Die Verwendung sollte kurz nach der Herstellung folgen, da ansonsten die Wirkung nachlässt.

Schon die Teezubereitung *kann viel Vergnügen bereiten.*

Die Pfefferminze *ist ein wirksames Kraut bei Kopfschmerzen.*

Verdauungsschnäpse *helfen bei Magen-Darmbeschwerden.*

Kräuterlikör *in Maßen ist auch gesundheitsfördernd.*

Kräutergeist, Würz- und Gesundheitsweine

Selbst gemachte alkoholische Auszüge wie Magenbitter, Kräutergeist und -likör erfreuen sich großer Beliebtheit. Sie sind dafür geeignet, Magen-Darmbeschwerden oder Verdauungsstörungen zu beheben. Die Herstellung ist einfacher, als es anfangs scheint. Man benötigt Likör- oder Weinbrandflaschen mit einer weiten Halsöffnung, um die Kräuter hineinstecken zu können. Aufgefüllt wird mit hochprozentigem Branntwein oder Korn. Zum Ziehen wird die verschlossene Flasche ungefähr drei Wochen lang an einen sonnigen Platz gestellt. Gelegentliches Schütteln bewirkt eine gute Durchmischung. Nach dem Durchziehen werden die Kräuter mittels Sieb aus dem alkoholischen Getränk gefiltert. Der gewonnene Kräutergeist wird in saubere, trockene Flaschen umgefüllt und bei Bedarf mit Sirup gesüßt. Eine ähnliche Wirkung besitzen Kräuterweine. Im Gegensatz zum Kräutergeist sind sie nicht so hochprozentig. Als Grundlage dienen gute Weiß-, Rot- oder Süßweine, die zu einem Liter in ein Glasgefäß gefüllt werden. Auf diese Menge wird etwa eine Hand voll Kräuter zugegeben und das Gefäß verschlossen. Während des Durchziehens wird es bei Zimmertemperatur an einen dunklen Platz gestellt. Nach mehreren Tagen bis einer Woche kann der durchgezogene Kräuterwein gefiltert und in eine neue saubere Flasche gefüllt werden. Alkoholische Getränke sind relativ lange haltbar, sodass sie noch nach vielen Monaten oder sogar Jahren genießbar sind.

Für die äußerliche Anwendung *eignen sich Umschläge und Wickel.*

TIPP

Geeignete Kräuter für einen Verdauungsschnaps sind Dill, Enzianwurzel, Estragon, Johanniskraut, Koriander, Kümmel, Liebstöckel, Rosmarin, Salbei, Thymian und Ysop.

Öle, Salben und Tinkturen

Kräuteröle Öle müssen nicht immer nur der Konservierung oder der Speisenzubereitung dienen. Sie lassen sich auch als Massageöl äußerlich anwenden. Die dabei enthaltenen Kräuter wirken auf Muskeln entspannend und können zusätzlich bei Hautproblemen helfen. Die Herstellung ist mit dem herkömmlichen Kräuteröl zu vergleichen. Klein geschnittene Kräuter werden in einem Glas mit Olivenöl übergossen und anschließend zum Durchziehen an einen sonnigen Platz gestellt. Nach zwei bis drei Wochen und gelegentlichem Schütteln kann das selbst hergestellte Massageöl gefiltert werden. Gut verschlossen ist es mehrere Monate haltbar.

Salben *sind einfacher herzustellen, als man denkt.*

Salben Salben werden ebenfalls äußerlich angewendet. Sie werden aus frischen oder getrockneten Kräutern, Kräuterölen oder Tinkturen hergestellt. Sie haben eine ölige bis fettige Konsistenz und werden vor allem bei Hautproblemen und zur Wundheilung genommen. Fettige Substanzen, beispielsweise Kosmetiköle, Schmalz oder Vaseline, werden gemeinsam mit den Kräuterbestandteilen erhitzt bis sie schmelzen. Anschließend wird das flüssige Fett abgeseiht. Durch Zugabe von Bienenwachs verbessert sich die Festigung der Salbe. Das fertige Produkt wird in Dosen abgefüllt und im Kühlschrank gelagert. Wegen des Fehlens chemischer Konservierungsstoffe sind diese Salben nur wenige Wochen haltbar.

Tinkturen In geringen Mengen werden Tinkturen durch Kaltauszüge gewonnen. Die zerkleinerten Drogen (= getrocknete Kräuterbestandteile) werden in kleine Flaschen gegeben und diese mit der

***Johanniskraut** wird aufgrund seiner beruhigenden Wirkung gern in Tinkturen verwendet.*

vorgeschriebenen Lösung (Alkohol-Wasser-Lösung), zum Beispiel Weingeist, aufgefüllt. Die Flaschen sind luftdicht zu verschließen und fünf bis zehn Tage an einem kühlen, schattigen Ort zu stellen. Während dieser Zeit sind sie regelmäßig zu schütteln. Nach Ablauf dieser Frist kann die Tinktur gefiltert und in neue Fläschchen gefüllt werden. Aufgrund ihres Alkoholgehaltes und ihrer Wirkung sollten sie nicht in der Reichweite von Kindern aufbewahrt werden. Diese alkoholischen Auszüge werden gewöhnlich für Kompressen, Fußbäder und Waschungen zur äußeren Behandlung zugesetzt. Seltener sind sie Bestandteil von Kräutertees.

▸ Breipackungen und Kompressen

Wie der Name es bereits verrät, handelt es sich bei Breipackungen um Umschläge, die einen Pflanzenbrei beinhalten. Blätter oder ganze Sprosse werden zerhackt, zerquetscht oder über kochendem Wasser zu einem Brei vermengt. Kurzzeitiges Eintauchen in heißes Wasser erhöht die Temperatur des Breies, der dann so heiß wie nur möglich auf die betroffene Stelle gelegt und durch eine Bandage befestigt wird. Bei Verwendung von Kräuterpulver muss durch kochendes Wasser eine Paste hergestellt werden, die danach im möglichst heißem Zustand auf die Haut aufgetragen wird.

Breipackungen kommen vorwiegend bei Hautauschlägen und -problemen, Knochenbrüchen, Prellungen, Quetschungen oder zur Wundheilung zum Einsatz. Besser als Kompressen, die lediglich von Auszügen oder Tinkturen getränkt sind, fördern sie die Durchblutung der betroffenen Stellen, beseitigen Hautverunreinigungen und wirken schmerzstillend. Soll die Wirkung von Kompressen erhöht werden, empfiehlt sich zusätzlich eine Wärmflasche.

TIPP

Tinkturen gehören verschlossen in den Arzneischrank, um sie vor Kindern zu schützen. Ihr Alkoholgehalt und ihre Wirkung kann bei Missbrauch gesundheitliche Schäden verursachen.

***Gegen Rückenschmerzen** helfen Salbei-Kompressen.*

Kräuter in der Kosmetik

Schönheitskräuter und pflanzliche Kosmetika waren bereits in der Antike sehr verbreitet. Bei den Römern waren Kräuterpackungen ein fester Bestandteil der Schönheitspflege. Schon im 1. Jahrhundert n. Chr. schrieb ein römischer Schriftsteller namens Citro Bücher über Kosmetik, die sogar Rezepte zur Faltenbekämpfung und Haarpflege beinhalteten. Jahrhunderte später, in der Zeit der Renaissance, gab es schon besondere Duftwasser und Salben, die als Pflegeprodukte betrachtet wurden. Heute wird man von einer Fülle von Präparaten überhäuft, die sich teilweise durch selbst gemachte preisgünstigere Kosmetika ersetzen lassen. Mit wenigem Aufwand kann man Gesichtswasser und Cremes selbst herstellen.

***Für die richtige Schönheitspflege** sind bestimmte Zutaten wichtig.*

Wirkung der Schönheitskräuter

Kraut	Wirkung und Verwendung
Aloe Vera	*Pflanzensaft wirkt beruhigend und heilend*
Brennnessel	*tiefenreinigend und bei fettiger Haut*
Brunnenkresse	*Blättersaft bei allgemeinen Hautproblemen*
Echter Eibisch	*bei spröder, trockener Haut und Sonnenbrand*
Fenchel	*reinigend und entspannend*
Frauenmantel	*bei empfindlicher, trockener Haut*
Kamille	*hautweichend und bleichend (Haare)*
Lavendel	*reinigend und entspannend*
Petersilie	*bei empfindlicher oder trockener Haut*
Pfefferminze	*reinigend und adstringierend*
Rosmarin	*durchblutungsfördernd und reinigend*
Salbei	*belebend, porenverengend und reinigend*
Schafgarbe	*heilend, reinigend und gegen fettige Haut*
Thymian	*mild-reinigend*

▸ Feuchtigkeits- und Handcremes

Cremes werden, wie die meisten anderen Kosmetikprodukte, äußerlich angewendet und gehören zur Schönheitspflege. Sie lassen sich in Lotion, Feuchtigkeits- und Reinigungscreme unterteilen. Lotionen

TIPP

Vorsicht! Bei empfindlicher Haut können folgende Kräuter Allergien hervorrufen: Brennnessel, Efeu, Liebstöckel, Odermennig, Schlüsselblume, Veilchenblätter. Johanniskraut führt zu verstärkter Lichtempfindlichkeit!

verengen die Poren und erfrischen die Haut. Reinigungscremes dienen der milden Entfernung von Schmutz und Make-up. Nach einer Reinigung sorgen Feuchtigkeitscremes für den notwendigen Feuchtigkeitsschutzfilm. Öle bilden zusammen mit Wachsen und Duftwässern die Grundlage für die Schönheitspräparate.

Herstellung Allesamt werden auf eine gleiche Temperatur gebracht, indem Wachse geschmolzen, Öle erwärmt und Duftwässer erhitzt werden. In die geschmolzenen Wachse werden die Öle eingerührt. Diese Mischung wird durch anschließende Zugabe von Duftwasser und Kräutern ergänzt. Unter ständigem Rühren lässt man diese Masse auskühlen. Die Konsistenz hängt von der Zusammensetzung und der Menge der jeweiligen Zutaten ab, die verwendet wurden. Höherer Anteil der Wachse macht die Creme fester, höhere Anteile von Öl macht sie hingegen weicher. Durch die Zugabe von Wasser wird die Mixtur locker, sodass sich die Kräuterbestandteile besser herausfiltern lassen. Einige Tropfen ätherischer Öle verbessern das Aroma. Fertige Cremes werden in etikettierte Dosen abgefüllt und im Kühlschrank gelagert. Testen Sie alle Kosmetik-Produkte vor der Anwendung auf einer kleinen Hautfläche, um eventuelle Unverträglichkeiten festzustellen.

In vielen Duft- und Kosmetikprodukten *findet man Lavendel wieder.*

Rosmarin (Rosmarinus officinalis) *regt die Durchblutung an.*

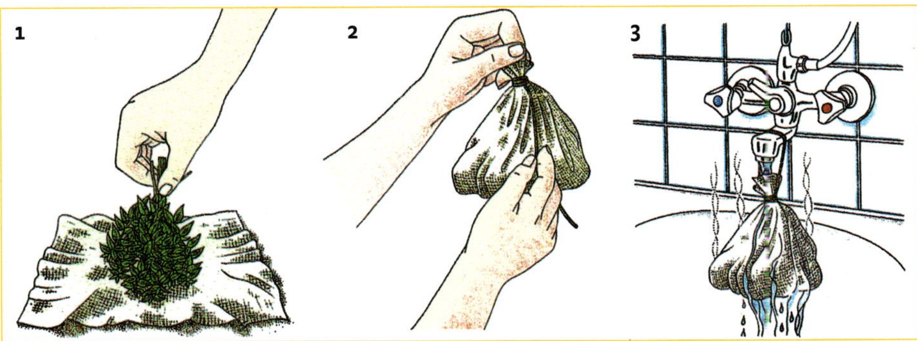

Kräutersäckchen *mit Lavendel, Rosmarin und Thymian können als Badezusatz verwendet werden.*

Kräuter in Haus und Wohnung

Kräuter gehören wohl zu den Pflanzen, die sich durch die vielfältigsten Verwendungsmöglichkeiten hervorheben. Neben hohem Gesundheit- und Würzwert fallen sie auch durch ihre Zierwerte auf. So bieten sie sich als aromatische Ausschmückung der Wohnung regelrecht an. Entweder als Trockenstrauß oder frisches Kräuterarrangement verarbeitet, sind sie eine beliebte Geschenkidee. Ihre Attraktivität hat nicht nur historischen Hintergrund, sondern sie verkörpern die Natur, nostalgische Verbundenheit und aromatische Ausstrahlung.
Ihr Duft sorgt für ein angenehmes Raumklima. Aber auch praktisch gesehen besitzen Kräuter so manche Kräfte, die kleinere Probleme im Haushalt lösen. Viele Hausmittel stellen das unter Beweis.

Ungeziefer und Mäuse

Ein leidiges Problem im Haushalt ist aufkommendes Ungeziefer. Angelockt von Speisen und Grundnahrungsmitteln finden sie in nahezu jedem Haushalt etwas zu fressen. Alternativ zur chemischen Ungezieferbekämpfung können bestimmte Kräuter eingesetzt werden. Sie haben den Vorteil, dass sie für den Menschen unschädlich sind und sich noch weiter verwenden lassen. Ameisen werden von süßen Dingen angelockt, verursachen jedoch in der Regel keinen schwerwiegenden Schaden. Ein paar Blätter von Poleiminze, Raute, Rainfarn oder Tomate vertreiben die ungeliebten Insekten. Die Blätter sind mehrfach umzudrehen, damit sie den Duft erneut freisetzen können.
Duftsträuße aus Beifuß, Lavendel, Zitronenmelisse, Pfeffer- und Poleiminze stören das Wohlbefinden von Fliegen und vertreiben diese aus der Wohnung.
Mücken sind hartnäckige Biester, wenn an Sommerabenden gegrillt wird. Sie schlägt man in die Flucht, wenn ein oder mehrere Rosmarinzweige ins Grillfeuer geworfen werden.
Gegen Motten hilft der Geruch von Lavendel, Eberraute und Weihrauch.
Gefürchtete Rüsselkäfer, die gern Hülsenfrüchte, Mehl und Reis bevölkern, lassen sich durch Lorbeerblätter vertreiben.
Mäuse muss man nicht unbedingt mit der Mausefalle bekämpfen. Minze oder Rainfarn halten diese Schädlinge ebenfalls vom Vorratsschrank fern.

TIPP

Weitere Kräuter mit einer desinfizierenden Wirkung sind Eukalyptus, Lavendel, Rosmarin, Salbei, Thymian, Wacholder.

***Potpourris** erfreuen durch Duft und Farbenvielfalt.*

Kräuter beim Hausputz

Reinigungsmittel auf Kräuterbasis sind zwar etwas ungewöhnlich, jedoch bedeutend haut- und umweltfreundlicher, als es von chemischen Produkten bekannt ist.
Sie reinigen und aromatisieren gleichzeitig den Raum. Ein Desinfektionsmittel aus Rosmarin lässt sich herstellen, indem Rosmarinzweige ungefähr eine halbe Stunde

Gefüllt blühendes Mutterkraut *eignet sich auch als aromatische Schnittblume.*

Das panaschierte Laub der Ananasminze *wirkt in Kräuterarrangements kontrastreich.*

Binden von Kräutersträußen *macht viel Spaß und ist für jeden einfach und schnell zu lernen.*

geköchelt werden und im Anschluss abgeseiht werden. Ein Spritzer herkömmlichen Spülmittels dient der schwierigen Fettlösung. Dieses Mittel eignet sich sehr gut im Badbereich. Rost-, Schimmel- oder Tintenflecke in Wäsche oder Korbmöbeln lassen sich durch den Pflanzensaft des Sauerampfers beseitigen.

▸ Potpourris

Duftmischungen beleben Wohnungen und Räume. Blätter und Blüten wirken nicht nur dadurch, dass sie ihr Aroma preisgeben, sondern durch einen hohen Zierwert das Auge ansprechen. Um den Duft eines sommerlichen Kräutergartens in die Wohnung zu holen, wird ein Schälchen mit aromatischen und farbkräftigen Blättern und Blüten gefüllt. Dabei sollte es sich jedoch um bereits getrocknete Kräuter handeln. Diese getrockneten Duftmischungen kann man ebenso in Kräuterkissen geben. Sie werden mit Stoffbahnen so verbunden, dass sie über die Rückenlehnen des Sofas gehängt werden können. Bei jedem Anlehnen wird der Duft freigesetzt. Potpourris lassen sich natürlich nicht nur im Wohnzimmer einsetzen. Bestimmte Mischungen aus Beifuß, Grüner Minze, Lavendelblüten, Rainfarn, Rosmarin, Tulpen, Zypressenkraut und Veilchenwurzeln vertreiben in der Küche nicht nur Fliegen, sondern überdecken auch typische Küchengerüche. Ein sehr beliebter Einsatzort von Duftsäckchen ist das Schlafzimmer. Besonders bei Krankheiten mit Bettruhe wirken diese Aromamischungen, da sie die kranken Sinne stimulieren und die Heilung beschleunigen. Die beste Wirkung wird mit Kräuterkissen erzielt, die man unter das Kopfkissen legt. Jedes nächtliche Umdrehen setzt den beruhigenden Duft frei und befreit von jeglichen Schlafstörungen.

TIPP

Eine Kräutermischung für entspannende Kräuterkissen besteht aus 2 Tassen Zitronenstrauchblätter, 2 Tassen Rosenblütenblätter, 1 Tasse Ringelblumenblütenblätter, 1 Tasse Lavendelblüten, 1 Tasse Kamillenblüten, 25 g Engelwurzwurzeln, 1 Tl Baldrianwurzel und 1 Tasse Veilchenblüten.

Dekorationen

Eine ähnliche Wirkung wie Potpourris haben Kräutersträuße. Sie verzieren entweder im frischen oder getrockneten Zustand die Wohnung. Viele Kräuter eignen sich aufgrund ihrer dekorativen Blüten für Schnittblumensträuße, die entweder nur als Duftspender oder als Themenstrauß verwendet werden.

Sträuße mit attraktiven Teekräutern erfreuen die erste Zeit in der Vase und anschließend können sie kopfüber zum Trocknen aufgehängt werden.

Nach der Trocknung lassen sich die Zweige für Teemischungen verwenden.

Kräuterkränze oder Girlanden schmücken den Eingangs- oder Haustürbereich. Gäste, die bereits am Eingang von Düften verzaubert werden, kommen bestimmt gerne wieder. Als Grundgerüst werden Bindfäden, Drähte oder Weidenzweige verwendet. Diese werden mit Kräuterbüscheln umbunden. Frische Kräuter lassen sich zwar besser verarbeiten als trockene, jedoch haben sie nur eine stark beschränkte Haltbarkeit, außer man lässt die fertigen Kunstwerke an einem luftig trockenem Ort trocknen.

Bei der Gestaltung sind keine Grenzen gesetzt, sodass die eigene Kreativität gefragt ist. Einen hohen Zierwert versprechen auch Kräuterkörbe. Hierbei werden Floristenschwämme bzw. Steckmasse in den Korbboden angebracht. Darin werden die Kräuter gesteckt und arangiert.

Kräuter mit hohem Zierwert

Pflanzenteile	Kräuter
Dekorative Blüten	*Alant, Baldrian, Borretsch, Dill, Engelwurz, Kamille, Lavendel, Majoran, Minze, Rosmarin, Salbei, Thymian, Ysop, Veilchen*
Dekorative Blätter	*Fenchel, Guter Heinrich, Lorbeer, Minze, Petersilie, Rosmarin, Salbei, Thymian, Zitronenmelisse, Zypressenkraut*
Dekorative Fruchtstände	*Dill, Engelwurz, Fenchel, Guter Heinrich, Lauch (Arten), Liebstöckel, Sauerampfer, Süßdolde*

Andere Möglichkeiten *der Gestaltung bieten Kräuterkörbe.*

Kräuterporträts

Winterharte Kräuter

Schafgarbe

Schafgarbe
Achillea millefolium

Merkmale
Das europäische Wildkraut stammt aus der Familie der Asterngewächse und ist mit vielen Gartenpflanzen verwandt. Die aromatischen Blätter mit der fiedrigen Form entwickeln sich in Rosetten aus einem kriechenden Wurzelstock. Die zierenden weißen Scheindolden entwickeln sich zwischen Juni und August an den Enden der bis zu 60 cm langen Triebe. Das markante Aroma kommt durch pflanzliche ätherische Öle, Bitter- und Gerbstoffe, Flavonoide und diverse Mineralien zustande.

Anbau und Pflege
Schafgarbe wird im Frühjahr in Reihen oder Horsten mit ausreichend Abstand ausgesät. Der Standort ist sonnig zu wählen, da sehr feuchte oder schattige Standorte sie kümmern lassen. Die Pflanze kann mit vielen staudenartigen Kräutern in Mischkultur angebaut werden. Wuchernde Pflanzen kann man durch Abstechen oder Pflanzenteilung verringern.

Krankheiten
Selten auftretender Mehltau lässt sich durch weitere Pflanzabstände reduzieren.

Ernte und Verwendung
Das gesamte Kraut kann in der Blütezeit zwischen Juni und Oktober geerntet werden. Die Bitterstoffe und ätherischen Öle lassen die Schafgarbe zu einem natürlichen Bittermittel werden, das zur Appetitanregung, bei Magen-, Darm- und Gallenbeschwerden verabreicht wird. Frische Blätter bereichern Frühjahrssalate.

Arten und Sorten
Höhere Zierwerte erzielen die Sorten (z. B. die Sorte 'Kirschkönigin' mit purpurroten Dolden) der Schafgarbe durch ihre gefärbten Blüten.

Frauenmantel
Alchemilla vulgaris

Merkmale
Der Frauenmantel ist ein historisches Heilkraut, das bereits im Mittelalter in der Volksmedizin verwendet wurde. Die von den Alchemisten geschätzten Heilwirkungen beruhen auf Gerbstoffen, ätherischen Ölen und Flavonoiden. Die

Frauenmantel

ausdauernde und kriechende Staude mit den sieben- bis elflappigen, auch behaarten Blättern findet man häufig in halbschattigen Staudenrabatten, wo sie ab dem Frühsommer mit gelbgrünen Blüten erfreut und bis zu 30 cm groß wird.

▸ Anbau und Pflege

Frauenmantel bevorzugt sonnige bis halbschattige Plätze und frischen Boden, wo er bereits nach kurzer Zeit Polster zu bilden anfängt. Eine Vermehrung über Aussaat ist im Frühjahr möglich, aber das Teilen im Frühjahr oder Herbst empfiehlt sich mehr.

Beim Frauenmantel handelt es sich um eine robuste Gartenpflanze, die man nur gelegentlich in ihrer Wuchsfreudigkeit durch Teilung oder Abstechen bremsen muss.

▸ Ernte und Verwendung

Das Sammelgut des Frauenmantels sind die Blätter, die man in der Zeit vom Frühjahr bis zum Juli ernten und an einem schattigen Ort an der Luft trocknen sollte. In der Volksmedizin wird das Kraut bei Beschwerden der Wechseljahre, Magen- und Darmproblemen oder auch zur Blutreinigung verordnet.

Knoblauchrauke

Knoblauchrauke

Alliaria petiolata

▸ Merkmale

Die Knoblauchrauke ist ein Kraut, das bereits im ersten Kulturjahr blüht, fruchtet und sich durch Samen weiter vermehrt. Schon im Frühjahr finden sich an der Pflanze kleine weiße Blüten, aus denen sich später die schmalen Samen tragenden Schoten entwickeln. Die gesamte Pflanze kann bis zu 1 m groß werden und riecht stark nach Knoblauch. Anzutreffen ist sie auf Wiesen und Waldrändern in Europa und auch Asien.

▸ Anbau und Pflege

Häufig hört man von Keimproblemen beim Samen der Knoblauchrauke. Verwendet werden sollte nur frischer Samen, da er erfahrungsgemäß am besten aufläuft. Sonnige Lagen mit nahrhaftem Gartenboden bekommen der Pflanze hervorragend. Als Mischkultur eignen sich verschiedene Gemüse oder einjährige Kräuter. Entwickelt sich die Pflanze am Standort gut, kann man den Pflegeaufwand auf das Abschneiden der Samen vor der Reife beschränken, um so ungewollte Ausbreitung zu vermeiden.

▸ Schädlinge

Gelegentlich fressen Raupen am Kraut, die man durch Ablesen beseitigen sollte.

▸ Ernte und Verwendung

Das Erntegut sind bei der Knoblauchrauke die Samen und die Blätter. Die Samen verarbeitet man als Gewürz und die Blätter mit dem Knoblaucharoma in Salaten. Das blühende Kraut wird als Hustenmittel und zur Linderung von Asthma verabreicht. Des Weiteren kann es die Wundheilung unterstützen.

Schnittlauch

Schnittlauch
Allium schoenoprasum

▸ Merkmale
Das Kraut ist ein Zwiebelgewächs, das mit Knoblauch eng verwandt ist und zu den wichtigsten Küchenkräutern gehört. Die Blätter der bis zu 30 cm hohen Würzpflanze sind sehr aromatisch. Nachdem aus den kleinen Zwiebeln bereits kurz nach dem Winter die ersten Blätter treiben, erscheinen schon im Frühjahr die attraktiven violettfarbenen Blüten des ausdauernden Küchenkrautes. Triebe und Blätter sterben im Herbst ab, die Pflanze zieht ein.

▸ Anbau und Pflege
Schnittlauch benötigt sonnige Standorte, die einen sowohl ausreichend feuchten als auch nahrhaften Boden besitzen. Vermehrt wird die Zwiebelpflanze durch Samen, die im zeitigen Frühjahr bei frostfreiem Wetter in Horsten oder Reihen gesät werden. Aber auch die Teilung ist möglich. Die Pflanzen sind im Abstand von 20 cm zu setzen. Eine Mischkultur mit Möhren bietet sich an. Um Trocknungsschäden zu vermeiden, ist in den Sommermonaten auf Bodenfeuchtigkeit zu achten. Sich gelb färbende Blätter sind ein Indiz für Nährstoffmangel, der durch Kompostgaben behoben werden kann.

▸ Ernte und Verwendung
Fast ganzjährig lassen sich die aromatischen Blätter ernten, die eine beliebte Zutat für Salate, Kräuterbutter und -quark sind. Aber auch die Blüten lassen sich ernten und fallen besonders als Garnierungen in verschiedenen Speisen auf.

Schnittknoblauch
Allium tuberosum

▸ Merkmale
Der Schnittknoblauch ist mit dem gewöhnlichen Schnittlauch eng verwandt. Äußerlich unterscheidet er sich kaum vom Schnittlauch. Lediglich die duftenden weißen Blüten, die ab dem Spätsommer an 20 bis 30 cm langen Stielen erscheinen, unterscheiden sich von den markant lilavioletten Dolden des Schnittlauchs. *Allium tuberosum* stammt aus Südostasien und ist im Gegensatz zu anderen Laucharten schnell wachsend.

▸ Anbau und Pflege
Die Ansprüche sind mit denen des Schnittlauchs zu vergleichen. Aus diesem Grunde können die Pflanzen der gleichen Gattung direkt nebeneinander ins Kräuterbeet gesetzt werden. Eine Aussaat des Schnittknoblauchs empfiehlt sich im zeitigen Frühjahr im vorbereiteten Saatbeet. Schnittknoblauch lässt sich wie Schnittlauch pflegen. Rückschnitte, die durch die Ernte entstehen, lassen die Pflanze etwas in die Breite wachsen. Frühjährliches Einarbeiten von Kompost versorgt das Kraut mit ausreichenden Nährstoffen.

▸ Ernte und Verwendung
Das beste Aroma ist erst im Sommer ab Juli entwickelt, sodass sich zu diesem Zeitpunkt die Ernte empfiehlt. Die Blätter besitzen ein intensives Knoblaucharoma, das besonders Kräuterbutter und -quark verfeinern kann. Aber auch frische Salate oder Brotbeläge können so eine delikate Knoblauchwürze bekommen.

Schnittknoblauch

Bärlauch

Bärlauch

Allium ursinum

▸ **Merkmale**

Diese sehr beliebte ausdauernde Lauchart fällt in ihrem Erscheinungsbild etwas aus der Reihe. Die breiten Blätter verströmen ein intensives Knoblaucharoma. Bereits Ende März beginnt die in feuchten Laubwäldern beheimatete Zwiebelpflanze in weißen Blütendolden zu blühen. Nachdem die Blüten bestäubt wurden und sich Samen gebildet haben, zieht die 30 cm hohe Pflanze schon im Mai oder Juni ein. Vorsicht bei der Ernte in der freien Natur: Bärlauch kann mit den giftigen Maiglöckchen verwechselt werden!

▸ **Anbau und Pflege**

Bevorzugte Standorte des Bärlauchs sind halbschattige bis schattige Plätze mit ausreichend feuchten humosen Böden, wie sie unter Laubbäumen vorkommen können. Die Vermehrung über Samen verläuft häufig erfolglos, da nur frische Samen unter optimalen Bedingungen keimen können. Das frühe Einziehen der Pflanzen lädt andere Polster bildende Pflanzen zum Wuchern ein, sodass Bärlauch in den Folgejahren wenig Möglichkeiten hat, auszutreiben. Kompostgaben im Frühjahr sichern den Humusgehalt im Boden.

▸ **Ernte und Verwendung**

Der Bärlauch ist aufgrund seines intensiven Knoblaucharomas sehr beliebt. Seine Blätter finden in Frühlingssalaten, Kräuterbutter und -quark und vielen anderen Speisen Verwendung. Der große Vorteil dieses Krautes ist, dass bereits nach wenigen Minuten die Knoblauchnote verfliegt und man den ungewünschten Knoblauchatem verliert.

Echter Eibisch

Althaea officinalis

▸ **Merkmale**

Der mehrjährige Eibisch gehört zur Familie der Malvengewächse. Unverkennbar ist sein Zierwert, der durch die ab Juli erscheinenden weißen bis rosaroten Blüten zustande kommt. Neben dem attraktiven Blütenflor, der bis zu 1,50 m hohen Pflanze, fallen die fein behaarten Blätter auf, die einen hohen Gehalt an ätherischen Ölen und Schleim besitzen.

▸ **Anbau und Pflege**

Sonnige Standorte mit sandig-lehmigen Böden, die nicht zu trocken und ausreichend nahrhaft sein sollten, werden bevorzugt. Getopfte Pflanzen können im Frühjahr oder Herbst gepflanzt werden. Bei der Aussaat des Eibisch empfiehlt sich eine Horstsaat im frostfreien Frühjahr. Der Eibisch gehört zu den pflegeleichten Kräutern. Zu den allgemeinen Pflegearbeiten gehört der Rückschnitt und das Entfernen abgestorbener Pflanzenteile.

▸ **Krankheiten**

In feuchten Sommern kann es zum verstärkten Rostbefall kommen. Der Rückschnitt der befallenen Pflanzenteile und dessen Entfernung verhindern großflächige Ausbreitung.

▸ **Ernte und Verwendung**

Das wichtigste Erntegut ist die Wurzel, die während der Ruhezeit geerntet werden und sehr schnell trocknen muss, um nicht von Pilzen verdorben zu werden. Seit Jahrhunderten werden Abkochungen der Wurzel bei Erkältungskrankheiten, Mund- und Zahnfleischproblemen und inneren Beschwerden verwendet. Blätter und Blüten lassen sich zu Tee verarbeiten.

Echter Eibisch

Engelwurz

Engelwurz/ Angelikawurzel

Angelica archangelica

▸ Merkmale

Das Erscheinungsbild des bis zu 2 m hohen Engelwurzes wirkt im Gegensatz zu vielen anderen Kräutern recht stattlich. Von den hohlen Sprossen gehen ein- bis dreifach fiederteilige Blätter ab. Die grünlichweißen Blütendolden zieren im Hochsommer das Kraut. Auf Wiesen und an Flussrändern der Mittelgebirge Europas heimisch, kann die doldenblütige Pflanze mit dem giftigen Wasserschierling verwechselt werden.

▸ Anbau und Pflege

Die Samen können im zeitigen Frühjahr, sobald keine besondere Frostgefahr mehr besteht, ins vorbereitete Beet mit Abständen von mindestens 50 cm gesät werden. Günstige Standorte liegen leicht beschattet und besitzen einen frischen nährstoffreichen Boden.
In warmen Sommermonaten ist auf ausreichend Bodenfeuchtigkeit zu achten. Kompostgaben im Frühjahr versorgen die Pflanze mit notwendigen Nährstoffen.

▸ Schädlinge

Als Schädlinge findet man gelegentlich Blattläuse und Schnecken.

▸ Ernte und Verwendung

Geerntet wird vorrangig die Wurzel, die im Frühjahr oder Herbst ausgegraben, der Länge nach gespalten und zum Trocknen aufgehängt wird. Beim Lagern auf möglichen Insektenbefall achten. Die Wirkstoffe, darunter ätherische Öle, Bitter- und Gerbstoffe, helfen z. B. bei Appetitlosigkeit und Verdauungsstörungen. Nicht bei Magen- und Darmgeschwüren anwenden.

Meerrettich

Amoracia rusticana

▸ Merkmale

Das aus Südeuropa eingebürgerte Kraut ist aufgrund seiner hohen Senfölgehalte zum Inbegriff für Schärfe in der Küche geworden. Aus den langen, rüben- oder walzenförmigen Wurzeln treiben zunächst langstielige gekerbte Blätter aus. Aus deren Mitte entwickelt sich später ein 1,20 m hoher Blütenschaft, an dessen Ende zwischen Juni und Juli eine Rispe aus vielen weißen Blüten gebildet wird.

▸ Anbau und Pflege

Meerrettich gedeiht am besten auf frischen nährstoffreichen Böden in sonniger Lage. Die Pflanzung erfolgt im Frühjahr oder Herbst in Reihen mit Pflanzabständen von ca. 40 cm. Kompostgaben erhöhen den Ernteertrag. Meerrettich ist unter optimalen Standortbedingungen ein sehr pflegeleichtes Kraut. Lediglich ein ausuferndes Wuchern sollte man durch ein Abstechen oder Teilen verhindern.

▸ Ernte und Verwendung

In der natürlichen Hausapotheke gilt Meerrettich als ausgezeichnetes Hustenmittel. Geriebener Meerrettich soll bei der äußerlichen Anwendung im Nacken Kopfschmerzen und auf der Wange Zahnschmerzen lindern. Bei der äußerlichen Anwendung ist Vorsicht geboten, da das Kraut zu Hautreizungen führen kann. Neben den Heilanwendungen sind die Wurzeln bekannter für ihre Würzkraft in Fleischgerichten. Aber auch hier gilt: Genuss nur in Maßen, da es ansonsten zu Schleimhautreizungen kommen kann.

Meerrettich

Arnika

Arnika

Arnica montana

Merkmale
Die auch Bergwohlverleih genannte Pflanze ist eine sehr bekannte Heilpflanze aus der Familie der Asterngewächse. Die geschützte Pflanze gedeiht bevorzugt auf nährstoffarmen Bergwiesen der Gebirge oder torfig-humosen Wiesen des Flachlands. Aus dem horizontal liegenden Wurzelstock treibt im Frühjahr eine Blattrosette, die von Juni–August ca. 50 cm lange Stängel hervorbringt, an denen die beliebten gelben Strahlenblüten blühen.

Anbau und Pflege
Arnika ist kein einfach zu kultivierendes Kraut. Voraussetzung für eine gutes Gedeihen ist ein sonniger Stand und nährstoffarmer, saurer, humoser Boden. Die Aussaat gestaltet sich etwas schwieriger, da der Samen hin und wieder nicht keimen will. Der Samen sollte bereits im Herbst im kalten Kasten gesät werden. Pflanzkombinationen mit schwach wachsenden oder staudenartigen Kräutern sind empfehlenswert. Das Einarbeiten von Torf, Rindenmulch oder Moorbeetpflanzenerde ist eine wichtige Maßnahme zum Erhalt der Pflanze. Wassergaben in den heißen Sommermonaten verhindern ein starkes Austrocknen des Bodens.

Schädlinge
Auffallende Fraßspuren können von Raupen oder Schnecken stammen.

Ernte und Verwendung
Die Blüten können ab Mai geerntet werden. Die Inhaltsstoffe der Arnikabüten, z. B. ätherische Öle und Flavonoide, wirken bei der äußerlichen Anwendung u. a. bei Quetschungen und Zerrungen. Entzündungen im Mund und Rachen lindern mehrmalige Spülungen mit Arnika.

Eberraute

Artemisia abrotanum

Merkmale
Die Eberraute ist eine aufrecht wachsende Staude, die am Stängelgrund verholzt. Im Frühjahr treibt die bis zu 1 m hohe Pflanze graugrüne fiederteilige Blätter, die ein süßliches Zitronenaroma verbreiten. Ab dem Spätsommer sind die gelbgrauen Blütenköpfchen in dichten Rispen zu bewundern. Heimisch ist sie in Südosteuropa und Westasien, wo man sie auf mäßig trockenen Orten antrifft.

Anbau und Anzucht
Das verholzende Kraut gedeiht in gut wasserdurchlässiger Erde in sonnigen Lagen. Die Eberraute wird im Frühjahr oder Herbst in 40 cm Abständen gesetzt. Die Vermehrung über Samen erfolgt im Frühjahr oder Herbst. Besser lässt sie sich über Stecklinge vermehren. Ein gelegentlicher Rückschnitt der ganzen Pflanze empfiehlt sich, da sie von unten neu durchtreiben kann und buschiger wird. Der Rückschnitt darf jedoch nicht zu tief ins Holz gehen, da sonst keine Möglichkeiten zum Austrieb mehr bestehen.

Ernte und Verwendung
Geerntet werden die stark aromatischen Blätter der Eberraute. Sie können zu Blütenwasser, Kräuteressig und Potpourris verarbeitet werden. Auf der Haut zerrieben, schützen sie gerade bei Grillabenden vor lästigen Insekten, wie z. B. Bremsen und Mücken. Als Badezusatz können sie Hautprobleme lindern. Eberraute ist ein häufiger Bestandteil von Mottenkugeln.

Eberraute

Wermut

Wermut

Artemisia absinthium

▸ Merkmale

Der schnell wüchsige Wermut fällt besonders durch sein attraktives Silberlaub auf. Im unteren Bereich verholzt die ausdauernde und robuste Staude und bildet größere Gruppen. Im Spätsommer zeigen sich am Ende der 1,50 m langen Triebe gelbe Blütenköpfchen, die in Rispen angeordnet sind. Die Robustheit der Pflanze ist durch ihre Herkunft begründet: Sie wächst auf Ödland und Felshängen in Asien, Europa und Nordafrika.

▸ Anbau und Anzucht

Wermut ist ein äußerst robustes Kraut, dass aufgrund seiner Anspruchslosigkeit auch als Pionierpflanze verwendet werden kann. Am besten wächst sie an sonnigen Stellen auf kargen Böden. Samen werden im Frühjahr auf das vorbereitete Saatbeet ausgesät und zu enger Stand durch Vereinzeln behoben. Wegen der Wuchsfreudigkeit sollte man Maßnahmen gegen ungewollte Ausbreitung und Überwucherung anderer Pflanzen treffen, wie das Abstechen und Teilen der Wermut-Pflanzen.

▸ Ernte und Verwendung

Gute Dienste leistet Wermut in Mischkultur mit Gemüse. Geerntet werden die jungen Blätter und Triebe ab Mai. Verwendung in der Küche finden die Blätter in fetten Speisen, da sie die Verdauung anregen und entgiftend wirken (vorsichtig dosieren!). Aufgüsse sind entzündungshemmend und stärken Leber und Galle. Nicht bei Magen- und Darmgeschwüren und während der Schwangerschaft. Bekannter ist die Pflanze zur Herstellung von Kräuterschnäpsen, wie z. B. Wermut oder Absinth.

Estragon

Artemisia dracunculus

▸ Merkmale

Estragon ist ein ausdauernder Halbstrauch, der zur Gruppenbildung neigt. Im Frühjahr sprießen Triebe mit hellgrünen, lanzettlichen Blättern, die bis zu 10 cm lang werden können. Die aus Osteuropa stammende Pflanze wird im Schnitt 1,20 m groß und blüht im Spätsommer in 30 cm langen Rispen, die aus unscheinbaren gelben Blüten bestehen.

▸ Anbau und Anzucht

Gesät wird die Pflanze im Frühjahr direkt in das vorbereitete Kräuterbeet. Als Standort eignen sich sonnige Bereiche mit wasserdurchlässigem Boden. Die Mischkultur mit Gurken hat sich bewährt. Estragon lässt sich durch Samen, Stecklinge und Teilung vermehren. Ähnlich den anderen Artemisien fördern erntebedingte Rückschnitte den buschigen Wuchs der Pflanze. Kompostgaben im Frühjahr erhöhen die Wuchsfreudigkeit.

▸ Ernte und Verwendung

Die frischen Triebspitzen/Blätter werden ab Mai geerntet und würzen, als unverzichtbares Gewürz der französischen Küche bekannt, pikante Speisen und Gemüsegerichte. Ein Blättertee wirkt appetit- und verdauungsanregend. Jod sowie andere Mineralsalze und die Vitamine A und C sind in den Blättern enthalten. In der Volksmedizin wird das Kauen der Wurzel bei Zahnschmerzen empfohlen.

▸ Arten und Sorten

Russischer Estragon: etwas herberes Aroma, wird ausgesät; Französischer Estragon (*A. dracunculus* var. *sativa*): feiner anisartiger Geschmack, Vermehrung durch Stecklinge.

Estragon

Beifuß

Beifuß
Artemisia vulgaris

▸ **Merkmale**
Das heimische Wildkraut besitzt einen stattlichen Wuchs, der eine Höhe von bis zu 1,50 m erreichen kann. Die bräunlich gefärbten Stängel verholzen am Grund und tragen seitlich fiederteilige, lanzettliche Blätter, die an der Unterseite weißfilzig behaart sein können. Von Juni bis August erscheinen gelb bis rötliche Blütenköpfchen, die in Rispen angeordnet sind. Man findet ihn an vielen Wegrändern, an denen er häufig sehr stark wächst.

▸ **Anbau und Pflege**
Beifuß gedeiht an nahezu jedem Standort. Hohe Wirkstoffgehalte bilden sich jedoch an sonnigen Plätzen. Die Samen werden im zeitigen Frühjahr in den Boden gestreut oder als Mischkultur zusammen mit Kohlarten gepflanzt. Große Aufmerksamkeit sollte man der ungewollten Selbstaussaat widmen, da sich Beifuß zum unbeliebten Unkraut entwickeln kann. Rechtzeitiges Abschneiden der Blüten verhindert die unbeabsichtigte Verbreitung.

▸ **Ernte und Verwendung**
Bis zur Blüte können die frischen Triebe und Blätter geerntet werden. Der Beifuß gehört zu den wichtigsten Küchenkräutern, die zum Würzen von Fleischspeisen verwendet werden. Die enthaltenen Bitterstoffe und ätherischen Öle fördern den Appetit und regen die Verdauung an. Als Tee zubereitet, wird er bei starken Magen- und Darmbeschwerden sowie unangenehmem Mundgeruch verabreicht. Beifuß ist ein häufiger Bestandteil von Gewürzmischungen.

Melde
Atriplex hortensis

▸ **Merkmale**
Das Wildkraut gehört zu der gleichen Familie wie Spinat und ist ein häufiges Unkraut, das in Gärten, Brachland oder an Wegrändern vorkommt. Es kann bis zu 1 m groß werden. Kurz nach dem Austrieb besitzt die Pflanze eine blaugrüne Farbe, die später in hellgrün übergeht. Die spießförmigen Blätter sind am Rande leicht gezähnt. Von Juli–August bilden sich unscheinbare Blüten, die in lockeren rispigen Scheinähren angeordnet sind.

▸ **Anbau und Pflege**
Die Gartenmelde ist ein sehr robustes Kraut, das sonnige Standorte mit fruchtbarem Boden bevorzugt. Samen werden im Frühjahr nach dem letzten Frost in die Erde gebracht. Sie wird vorrangig durch Samen vermehrt und in Mischkultur mit einjährigen Kräutern angebaut. Überlässt man die Melde sich selbst, entpuppt sie sich als wucherndes Unkraut. Mit ihrer Wuchskraft verdrängt sie andere Kräuter. Das rechtzeitige Rückschneiden vor der Samenreife ist deshalb unbedingt notwendig.

▸ **Ernte und Verwendung**
Beginnt die Blütezeit, wird das gesamte Kraut abgeschnitten, verkehrt herum zum Trocknen aufgehängt und dient später als Küchengewürz oder Bestandteil von Würzmischungen. Frische Blätter kann man wie Spinat oder in Suppen kochen; sie eignen sich als würzige Salatzutat.

Melde

Barbarakraut

Barbarakraut/ Barbarakresse

Barbarea vulgaris

Merkmale

Die kurzlebige Staude, die auch als Winterkresse bekannt ist, kommt an sumpfigen Standorten mit humosen Böden vor. Die Pflanze bildet grundständige Rosetten, die aus ganzrandigen oder fiederteiligen Blättern bestehen. An den 60 cm langen Stängeln bilden sich ab April gelbe Kreuzblüten.

Anbau und Pflege

Die Barbarakresse lässt sich gut zusammen mit einjährigen Kräutern anbauen. Sie kann sowohl im Frühjahr als auch Herbst in Reihen im sonnigen bis halbschattigen Kräuterbeet gesät werden. Ein gutes Gedeihen setzt eine gleichmäßige Bodenfeuchtigkeit voraus, die durch Mulchen mit organischen Materialen erreicht wird. Vermehrt wird das Kraut fast ausschließlich durch Samen.

Schädlinge

Große Trockenheit kann einen Befall von Erdflöhen hervorrufen, der zu starkem Blattfraß führt. Häufiges Gießen vertreibt die Schädlinge.

Ernte und Verwendung

Verwendet wird nur das frische Kraut, das sogar im Winter geerntet werden kann. Mit seinem scharfen Kressegeschmack verfeinert es Kräuterbutter, Rohkost und Salate. Als Wirkstoffe sind besonders ätherische Öle und ein hoher Vitamin-C-Gehalt zu nennen. In der Heilkunde wird es bei Appetitlosigkeit, zur Blutreinigung und zur Wundheilung eingesetzt.

Kümmel

Carum carvi

Merkmale

Bei Kümmel handelt es sich um eine zweijährige Wildpflanze, die in Mitteleuropa auf Wiesen, Wald- und an Wegrändern beheimatet ist. Aus der pflanzentypischen Pfahlwurzel entwickelt sich ein aufrechter, ca. 1 m hoher Spross, dessen Blätter grasgrün und fiederteilig sind. Ab dem Frühjahr zieren die Pflanze Dolden, die aus vielen weißen Einzelblüten bestehen. Gewöhnlich blüht Kümmel erst im zweiten Jahr nach der Aussaat.

Anbau und Pflege

Kümmel bevorzugt sonnige Standorte mit normaler bis fruchtbarer Erde. Kümmelsamen werden zusammen mit den meisten anderen Kräutern im Frühjahr in Reihen mit 35 cm Abstand ausgesät. Mischkultur bietet sich mit Bohnen, Gurken, Kartoffeln, Kohl, Kopfsalat und Spinat an.
Kümmel ist ein sehr robustes Kraut, bei dem lediglich die Samen geerntet werden sollten, um eine ungewollte Selbstaussaat zu vermeiden.

Ernte und Verwendung

Die braunen Früchte der Kümmelpflanze werden in den Monaten von Juli bis September geerntet. Dabei schneidet man die Dolden ab und hängt sie an einem trockenen, luftigen Ort auf.
Kümmel wird als Küchengewürz zum Verfeinern von Brot, Quark und anderen Speisen, verwendet. Um sein starkes Aroma abzumildern, sollten die Samen zerrieben werden. Aufgrund seines hohen Gehaltes an ätherischen Ölen wird er in der Medizin bei Völlegefühl, Blähungen oder Magen-Darm-Beschwerden eingesetzt.

Kümmel

Kornblume

Centaurea cyanus

▸ Merkmale
Die Kornblume, die bereits im ersten Jahr blüht und sich durch Samen vermehrt, findet man an vielen Feld- und Wegrändern. Markant sind ihre dunkelblauen Blüten, die sich während des Frühsommers zeigen. Der Wuchs ist aufrecht und die ganzrandigen Blätter haben eine lanzettliche Form. Die Pflanze entstammt der Familie der Astergewächse und kann bis zu 90 cm groß werden.

▸ Anbau und Pflege
Die Kornblume kann bereits im frühen Herbst gesät werden. Damit fördert man eine rasche Blüte im Folgejahr. Drainierte Erde in voller Sonne bildet beste Voraussetzung für ein gutes Pflanzenwachstum. Zu enger Pflanzabstand kann in feuchten Sommermonaten zu Echtem Mehltau führen. Ist die Verbreitung durch Selbstaussaat unerwünscht, sind die Samenstände vor der Reife zu entfernen.

Kornblume

▸ Ernte und Verwendung
Während der Blütezeit wird der gesamte Spross der Kornblume geerntet und an einem schattigen, luftigen Ort getrocknet.
Bitter- und Gerbstoffe lassen das Kraut harntreibend wirken. Als Tee verwendet, wird es in der Volksmedizin bei Magen- und Darmstörungen empfohlen. Weiterhin soll der Tee blutreinigend und positiv auf Blase und Nieren wirken. Blütenaufgüsse sind ein Tonikum für Haut und Haare und können auch rheumatische Beschwerden lindern.

Römische Kamille

Chamaemelum nobile

▸ Merkmale
Dieser Korbblütler ist in Südeuropa und Nordafrika heimisch. Das ausdauernde Kraut wächst leicht polsterartig und bildet duftende, fiederspaltige Blätter. Zwischen Juni und August bilden sich an den ca. 30 cm langen Blütensprossen die typischen Kamillenblüten. Diese besitzen einen hohen Gehalt an ätherischen Ölen, Bitterstoffen und Flavonoiden. Diese Wirkstoffe sind auch für die Pharmazie sehr interessant, sodass diese Kamillenart in großen Mengen kommerziell angebaut wird.

▸ Anbau und Pflege
Die Römische Kamille kann als getopfte Pflanze entweder im Frühjahr oder im Herbst in den Kräutergarten gesetzt werden. Samen werden breitwürfig ausgesät. Besonders gut gedeiht sie an sonnigen Plätzen mit drainierten Böden. An trockenen Standorten ist in den heißen Sommermonaten auf ausreichende Wasserversorgung zu achten. Vermehrt wird die Pflanze nicht nur durch Samen, sondern am besten durch Teilung im Frühjahr oder Herbst.

Römische Kamille

▸ Ernte und Verwendung
Während der Blütezeit werden am Kraut nur die Blüten geerntet. Sie sollen an einem luftigen Ort trocknen. Als Tee zubereitet, helfen sie bei Beschwerden, wie z. B. Blähungen, Magen- und Darmproblemen, Völlegefühl und Entzündungen im Mund- und Rachenraum. Äußerlich angewendet, wirkt der Tee bleichend auf Haare.

Echte Kamille

Echte Kamille

Chamomilla recutita

Merkmale

Im nahezu gesamten Europa findet man den bekannten Korbblütler auf Äckern, Feldrainen und Wegrändern. Die bis zu 50 cm langen und verzweigten Blütenstiele treibt die Kamille aus einer kurzen Wurzel. An ihnen befinden sich die fiederteiligen Blätter, die beim Zerreiben den markanten Duft verbreiten. An den Enden der Sprosse bilden sich von Mai–Juni Blütenstände, die aus weißen Zungenblüten und gelben Röhrenblüten bestehen.

Anbau und Pflege

Der Samen der Kamille wird im Frühjahr in Reihen mit einem Abstand von 20 cm gesät. Nach dem Auflaufen der Sämlinge können sie bei zu engem Stand vereinzelt werden. Sonnige Standorte mit armen Böden lassen die robuste Pflanze gedeihen. Günstige Mischkultur ist mit Kohl, Kohlrabi, Porree, Radieschen, Rettich und Sellerie möglich. Die Anspruchslosigkeit der ausdauernden Pflanze macht sich in der Pflege bemerkbar. Es ist auf ungewollte Selbstaussaat zu achten, da sonst im Garten überall Kamillensämlinge erscheinen können.

Ernte und Verwendung

Blüten und Blätter werden luftig getrocknet. Besonders die enthaltenen ätherischen Öle wirken innerlich als Tee bei akuten Magenproblemen sowie Entzündungen der Schleimhäute. Äußerlich angewendete Umschläge versprechen Linderung bei schlecht heilenden Wunden. Spülungen besitzen eine Wirksamkeit bei Haut- und Schleimhautreizungen.

Guter Heinrich

Chenopodium bonus-henricus

Merkmale

Der auch als Gänsefuß bekannte Gute Heinrich, ist in Mitteleuropa heimisch. Die aufrecht wachsende Staude erreicht eine Höhe bis zu 70 cm. Auffallend sind die pfeilförmigen Blätter, die unterseits mehlig weiß bestäubt sind. Ihr Austrieb erfolgt bei den ersten Sonnenstrahlen im Frühjahr aus einem Wurzelstock. Die eigenwilligen gelbgrünen Blütenähren zeigen sich zwischen Mai und August.

Anbau und Pflege

Als Pflanze lässt sie sich im Frühjahr oder im Herbst in das sonnige Kräuterbeet setzen. Samen werden im Frühjahr ausgesät. Eine Vermehrung ist nicht nur über Samen, sondern auch über die Teilung möglich. Im Frühjahr eingearbeiteter Kompost beeinflusst die Pflanzenentwicklung positiv. In den Sommermonaten ist auf ausreichende Bodenfeuchtigkeit zu achten, da die Pflanzen sonst Trockenschäden erleiden können.

Schädlinge

Raupen, die unter Umständen größere Fraßschäden anrichten können, sind sorgfältig abzulesen.

Ernte und Verwendung

Die jungen Blätter besitzen einen hohen Gehalt an Eisen, Mineralstoffen und Vitaminen. Sie ergänzen auf gesunde Art und Weise Frühlingssalate, Eintöpfe, Suppen und andere Speisen. Weiterhin lassen sie sich wie Spinat verarbeiten. In der Volksmedizin werden Blätterumschläge mit Erfolg bei Hautentzündungen eingesetzt.

Guter Heinrich

Wegwarte

Wegwarte
Cichorium intybus

Merkmale
Die Wegwarte ist als Blütenpflanze aus alten Bauerngärten bekannt. Ihre bis zu 1 m aufrechten Blütenstängel treiben aus einer spindelartigen Wurzel und bilden einen buschartigen Wuchs. Die fiederspaltigen Blätter am Stängelgrund gehen nach oben in eine lanzettliche Form über. Von Juni–September bilden sich endständige blaue Blüten. Die Pflanzen kommen am häufigsten auf lehmigen Böschungen, Brachländern und Wegrändern vor.

Anbau und Pflege
Die Wegwarte wächst an sonnigen Plätzen mit lehmigen Böden. Sandige oder karge Böden können durch Kompost aufgewertet werden. Die Pflanzung erfolgt im Frühjahr oder Herbst. Samen werden im Herbst oder Frühjahr in Töpfen im geschützten Frühbeet ausgesät.

Schädlinge und Krankheiten
Gefräßige Schnecken sollten sorgfältig abgelesen werden.
Ein weiter Pflanzenabstand verringert die Gefahr von Mehltau- und Rostbefall bei feuchtwarmem Wetter.

Ernte und Verwendung
Bitter- und Gerbstoffe sind im gesamten Kraut enthalten. Man erntet es blühend im Juli, indem man es über dem Boden abschneidet und an einem luftig schattigen Ort trocknen lässt. Die Inhaltsstoffe dieser Pflanze wirken appetitanregend und kräftigend. Teemischungen, in denen die Wegwarte Bestandteil ist, werden bei Stoffwechselstörungen, Appetitlosigkeit, Blähungen und Kopfschmerzen empfohlen. Als Hausmittel haben sich Waschungen mit Tee bei Hautunreinheiten bewährt.
Früher wurde aus der gerösteten Wurzel Kaffee-Ersatz hergestellt (Zichorienkaffee).

Löffelkraut
Cochlearia officinalis

Merkmale
Das zwei- bis mehrjährige Kraut aus der Familie der Kreuzblütengewächse stammt von den salzigen Böden der Nordseeküste. Die teils langgestielten Blätter sind rosettenartig angeordnet und besitzen eine runde bis herzförmige Form. An bis zu 30 cm langen Stängeln blühen zwischen Mai und Juni kleine weiße Blüten. Nach der Blüte sät sich das Kraut selbst aus und sorgt damit für seine Verbreitung.

Anbau und Pflege
Die Samen werden im März oder April direkt ins Beet gesät. Eng stehende Keimlinge sind auf einen Abstand von je 20 cm zu vereinzeln. Der Standort sollte sonnig gelegen sein und einen frischen bis feuchten Boden besitzen. Die Vermehrung ist normalerweise nur über Samen möglich. Trockene Böden müssen durch Einarbeiten von wasserspeicherndem Humus oder Kompost verbessert werden.

Schädlinge
Fraßschäden entstehen in der Regel durch hungrige Schnecken.

Ernte und Verwendung
Vor der Blüte ist das junge Kraut zu ernten. Es enthält Senfölglykoside, Vitamin C, Bitter-, Gerb- und Mineralstoffe Der an Kresse erinnernde Geschmack eignet sich hervorragend zur Verfeinerung von Salaten und anderen frischen Speisen. Besonders der hohe Gehalt an Vitamin C beugt Infekten vor. Aber auch heilende Eigenschaften besitzt das Kraut. So wird es z. B. bei Appetitlosigkeit, Verstopfungen und zum Anregen der Leber eingesetzt.

Löffelkraut

Fenchel

Fenchel

Foeniculum vulgare

▸ Merkmale

Der Fenchel ist eine ausdauernde Pflanze, die vor allem durch ihr duftendes, feinteiliges Laub auffällt. Die Sprossen entstehen aus einer fleischigen Wurzel und können 1–2 m groß werden. Von Juli–September erscheinen Dolden, die aus vielen gelben Blüten bestehen. Als Heimat ist der Mittelmeerraum zu nennen, wo das Doldengewächs heutzutage auch in großen Mengen kommerziell angebaut wird.

▸ Anbau und Pflege

Fenchel liebt sonnige Plätze mit fruchtbarem, wasserdurchlässigem Boden. In den Sommermonaten ist auf ausreichende Bodenfeuchtigkeit zu achten. Die Samen der Pflanze sind an Ort und Stelle zu säen und nach der Keimung auf einen Abstand von ca. 50 cm auszudünnen. Fenchel lässt sich durch Samen oder vorsichtige Teilung vermehren.

▸ Schädlinge und Krankheiten

Feuchtwarmes Wetter kann einen Blattlausbefall fördern, der durch Milchspritzbrühe bekämpft wird. Zu enger Stand kann ebenso Mehltau hervorrufen.

▸ Ernte und Verwendung

Der wichtigste Inhaltsstoff ist das ätherische Öl. Es kommt zum großen Teil in den Samen vor, die als wichtiges Küchengewürz Verwendung finden. Besonders Backwaren wie Brot enthalten Fenchel. Medizinisch wirkt das Kraut beruhigend und hustenlösend. Teemischungen lindern Beschwerden des Stoffwechsels, der Galle und Leber.

Waldmeister

Waldmeister

Galium odoratum

▸ Merkmale

Das ausdauernde, bodendeckende Kraut kommt besonders in schattigen Buchenwäldern vor. Aus dem dünnen kriechenden Wurzelstock treiben im Frühjahr bis 20 cm hohe vierkantige Stängel. Die lanzettlichen Blätter sind an Quirlen angeordnet und sind am Rand etwas rau. Die von Mai–Juni erscheinenden endständigen Trugdolden bestehen aus kleinen weißen Blüten. Das typische Cumarin-Aroma kommt erst beim Welken der Pflanze zur Geltung.

▸ Anbau und Pflege

Waldmeister benötigt beschattete Lagen und humose Böden, die eine ausreichende Bodenfeuchtigkeit besitzen. Aussaat ist im Herbst möglich, da es sich bei dem Kraut um einen Frostkeimer handelt. Effektive Vermehrung ist durch Teilung im Frühjahr oder Herbst gewährleistet. Mischkultur ist mit anderen schattenliebenden Pflanzen, wie z. B. Walderdbeere, zu empfehlen. Während der Sommermonate ist auf ausreichende Bodenfeuchtigkeit zu achten. Sandige Böden sind im Frühjahr durch Humusgaben zu verbessern.

▸ Ernte und Verwendung

Beim Waldmeister wird das gesamte Kraut im Mai/Juni während der Blüte geerntet und an einem trockenen, schattigen Ort zum Trocknen aufgehängt. Waldmeister ist ein häufiger Bestandteil vieler Kräutertees, die bei Migräne, Darm- und Leberbeschwerden sowie bei Krämpfen verabreicht werden. Bekannter ist die Verwendung in der Waldmeisterbowle oder dem Maiwein. Das Kraut sollte nicht eingeweicht, sondern in einem Sieb übergossen werden. Überdosierungen können vor allem Kopfschmerzen hervorrufen.

Gundermann
Glechoma hederacea

▸ **Merkmale**
Das kriechende Kraut kommt auf feuchten Brachländern, Wegrändern und Wiesen vor. Die vierkantigen Stängel liegen auf dem Boden. In den Achseln sitzen gegenständige, herz- bis nierenförmige Blätter. Der Blattrand ist deutlich gekerbt. Die violetten Blüten zeigen sich von März–Juni in Scheinquirlen, die sich in den Blattachseln befinden. Beim Zerreiben von Blüten und Stängeln ist ein unangenehmer Geruch bemerkbar.

▸ **Anbau und Pflege**
Der Gundermann gedeiht sowohl in sonnigen als auch halbschattigen Lagen, vorausgesetzt, der Boden ist ausreichend feucht. Die Samen sind in Reihen mit einem Abstand von ca. 20 cm ins Kräuterbeet zu säen. Vermehrung ist auch durch Ableger, Stecklinge und Teilung möglich. Auf leichten Böden ist regelmäßiges Wässern in den Sommermonaten unumgänglich. Regelmäßiger Rückschnitt oder Teilung größerer Pflanzen verhindert ein Verwildern.

Gundermann

▸ **Ernte und Verwendung**
Die Sprosse werden zur Blüte im Frühjahr geerntet. Frisch ergänzen sie Frühlingssalate und regen allgemein die Aktivität der Körperorgane an. Medizinisch wirkt das Kraut appetitanregend, lindert Durchfall, Husten, Galle-, Leber- und Magenbeschwerden. Äußerlich wird es zur Wundbehandlung und für Mundspülungen bei Entzündungen im Mund- und Rachenraum eingesetzt.

Johanniskraut
Hypericum perforatum

▸ **Merkmale**
Das ausdauernde Kraut ist in Mitteleuropa an vielen Böschungen, lichten Wäldern und Wegrändern verbreitet. Die bis zu 90 cm hohen zweikantigen Stängel sind im oberen Teil reich verzweigt.
Die elliptischen Blätter sind gegenständig angeordnet und wirken perforiert, wenn man sie gegen das Licht hält. Zwischen Juli und September erscheinen die typischen goldgelben Blüten, die sich blutrot färben, sobald man sie zwischen den Fingern reibt.

▸ **Anbau und Pflege**
Johanniskraut ist eine sehr anspruchslose Pflanze, die selbst mit kargen Böden vorlieb nimmt. Der Standort sollte sonnig gelegen und nicht zu feucht sein. Samen sind im Frühjahr ins geschützte

Johanniskraut

Frühbeet zu säen. Die Mischkultur ist mit anderen ausdauernden Kräutern möglich.
Geringe Dünger- und Humusgaben im späten Frühjahr fördern das Pflanzenwachstum. Magere Böden werden durch Mulchen vor Austrocknung geschützt.

▸ **Ernte und Verwendung**
Das Kraut wird in voller Blüte geerntet, indem es über den Boden abgeschnitten und an einem schattigen, luftigen Ort zum Trocknen aufgehängt wird. Die Inhaltsstoffe, u. a. ätherische Öle, Flavonoide und Hypericin, wirken antidepressiv, beruhigend und kreislaufstabilisierend. Bereits im Altertum setzte man das Kraut bei Lungen- und Verdauungsbeschwerden, Durchfall, Nervosität und Nervenleiden ein.
Vorsicht: Johanniskraut erhöht die Lichtempfindlichkeit.

Ysop

Ysop
Hyssopus officinalis

Merkmale
Dieses würzende und heilende Halbgehölz stammt ursprünglich aus Südosteuropa. Der aufrechte Spross wird bis zu 1 m hoch. Die aromatisch duftenden Blätter haben eine ovale, spitz zulaufende Form, sind glattrandig und gegenständig angeordnet. Von Juli–August entwickeln sich viele violettblaue Lippenblüten. Sie werden häufig von Bienen und Hummeln besucht. Ysop ist deshalb auch als Bienenweide bekannt.

Anbau und Pflege
Als Standort eignen sich vollsonnige Plätze mit humosem und wasserdurchlässigem Boden. Vermehrung erfolgt durch Samen im zeitigen Frühjahr im geschützten Frühbeet, durch Stecklinge im späten Frühjahr oder durch Teilung im Frühjahr oder Herbst. Bei der Pflanzung ist ein Pflanzabstand von ca. 30 cm zu wählen. Ausdauernde Kräuter eignen sich für die Mischkultur. Dünger- und Humusgaben im Frühjahr wirken positiv auf das Pflanzenwachstum. Mulch schützt vor Bodenaustrocknungen im Sommer und das Auflaufen von Unkraut.

Ernte und Verwendung
Während der Blütezeit werden die oberen zarten Pflanzenteile des Ysops geerntet. Vornehmlich wird das Kraut als Küchengewürz verwendet, indem es Eintöpfe, Fleisch- und Fischgerichte, Suppen und frische Salate pikant verfeinert. Die schleimlösende Wirkung hilft als Tee bei Husten und Erkältungen sowie bei Appetitlosigkeit, Magen- und Darmbeschwerden.

Alant
Inula helenium

Merkmale
Aus dem knollig verdickten Wurzelstock treiben langgestielte elliptische Grundblätter. Die oberen Blätter sind herzförmig und umfassen den bis zu 2 m hohen Stängel. Sowohl die oberen als auch die unteren Blätter sind unterseits filzig behaart und am Rand gezähnt bzw. gekerbt. Zwischen Juni und September erscheinen an der aus Zentralasien stammenden Pflanze gelbe Korbblüten.

Anbau und Pflege
Sonnige Lagen mit fruchtbarem und ausreichend feuchtem Boden sind beste Standortbedingungen. Samen werden im Frühjahr in Töpfe im Kalten Kasten gesät und später in einem Abstand von ca. 50 cm ausgepflanzt. Teilung des Wurzelstockes ist im Frühjahr und Herbst möglich. Mischkultur mit anderen ausdauernden Kräutern empfiehlt sich. Magere Böden sind im Frühjahr durch Kompostgaben zu verbessern. In heißen Sommern ist auf ausreichende Wasserversorgung zu achten.

Krankheiten
Sommerliche Trockenheit fördert den Mehltaubefall.

Ernte und Verwendung
Zu ernten sind bei diesem Kraut die jungen Blätter und der Wurzelstock. Dieser wird im Herbst herausgenommen, gesäubert, zerkleinert und bei ca. 35 °C getrocknet. Medizinisch ist besonders die schleimlösende Wirkung, die Erkältungen und Husten lindert, zu erwähnen. In der Volksmedizin wird Alant zudem bei Appetitlosigkeit, Durchfall und Magen-Darmproblemen verwendet. Überdosierungen rufen allerdings Erbrechen und Magenbeschwerden hervor.

Alant

Lavendel

Lavendel

Lavandula angustifolia

▸ Merkmale
Der mediterrane Raum ist die Heimat des Lavendels. Der aufrechte Spross des Halbstrauches wird ungefähr 60 cm hoch. Die Blätter sind an den Zweigen gegenständig angeordnet. Sie haben eine lineale bis lanzettliche Form, eine graue bis grüngraue Farbe und sind unterseits filzig behaart. Die violettblauen Blüten erscheinen im Hochsommer von Juli–August in Scheinquirlen.

▸ Anbau und Pflege
Lavendel gedeiht am besten in vollsonnigen Lagen. Gut wasserdurchlässiger und humoser Boden lassen das Kraut gedeihen. Samen sind im zeitigen Frühjahr ins geschützte Frühbeet zu säen und später in einem Abstand von ca. 30 cm ins Beet zu pflanzen. Möglich ist die Mischkultur mit anderen ausdauernden Kräutern und Beetrosen. Regelmäßiger Rückschnitt im Herbst verjüngt die Pflanze und fördert den Neutrieb im Frühjahr. Kompostgaben im Frühjahr unterstützen die Entwicklung der Pflanze.

▸ Ernte und Verwendung
Die Ernte beginnt, sobald sich die Blüten öffnen. Dabei werden die Blütentriebe abgeschnitten und in Bündeln an einem luftig schattigen Ort getrocknet. Die Inhaltsstoffe wirken beruhigend, weshalb die Blüten häufig als Badezusatz Verwendung finden. Blütentee hilft bei Appetitlosigkeit, Blähungen, Migräne, Gliederschmerzen und rheumatischen Beschwerden. Eine zu starke Dosierung kann zu Schläfrigkeit führen. Lavendelblüten werden häufig auch in Potpourris verarbeitet.

Herzgespann

Herzgespann

Leonurus cardiaca

▸ Merkmale
Das bis zu 1,20 m hohe Herzgespann ist in Europa weit verbreitet an Hecken, Wegrändern und Zäunen zu finden. Das ausdauernde Heilkraut treibt aus einem Wurzelstock aufrechte vierkantige Stängel, an denen sich gegenständig angeordnete Blätter befinden. Diese sind im oberen Teil dreilappig und am Rand gesägt. Scheinquirle aus blassrosa Lippenblüten entwickeln sich zwischen Juni und August. Sie werden sehr gern von Bienen und Hummeln besucht.

▸ Anbau und Pflege
Das Herzgespann ist eine robuste Staude, die sowohl an sonnigen als auch leicht beschatteten Standorten gedeiht. Die Aussaat erfolgt im Frühjahr direkt ins Beet oder in Töpfe im Kalten Kasten. Pflanzen sind im Abstand von ca. 50 cm zu pflanzen. Kompostgaben im Frühjahr lassen die Pflanzen besser gedeihen. Rückschnitte sind im Herbst vorzunehmen.

▸ Ernte und Verwendung
Für den heilenden Tee werden die oberen Pflanzenteile während der Blüte geerntet und in Bündeln an einem luftig schattigen Ort zum Trocknen aufgehängt. Das Herzgespann ist ein sehr wirkungsvolles Heilkraut, dass bei Klimabeschwerden mit Hitzewallungen, Angstzuständen, starkem Herzklopfen und Nervosität Linderung bewirkt. Vorsicht: Überdosierungen rufen u. a. Erbrechen und ein starkes Durstgefühl hervor.

Liebstöckel

Liebstöckel

Levisticum officinale

Merkmale
Aus der Familie der Doldengewächse stammt das bis zu 2 m hochwachsende Kraut, dessen Heimat sich vom Orient bis nach Europa erstreckt. Wegen seines Aromas ist es auch als Maggikraut bekannt. Im Frühjahr treiben röhrige Stängel aus, die im oberen Teil zunehmend verästeln. Die Blätter im unteren Bereich sind dreizählig und zwei- bis dreifach, nach oben zu nur noch einfach fiederschnittig. Zwischen Juli und August erscheinen blassgelbe Blütenstände aus Doppeldolden.

Anbau und Pflege
Das Kraut gedeiht an sonnigen bis leicht beschatteten Plätzen in fast jedem normalen Gartenboden, der bestenfalls tiefgründig, wasserdurchlässig und ausreichend feucht ist. Eine Mischkultur mit anderen ausdauernden Kräutern ist empfehlenswert. Zu groß gewordene Pflanzen lassen sich im Herbst oder Frühjahr teilen. Frühjährliche Dünger- und Humusgaben fördern die Pflanzenentwicklung.

Schädlinge
Gelegentlich Blattläuse, Minierfliegen oder Miniermotten.

Ernte und Verwendung
Blätter, Früchte und Wurzeln lassen sich ernten. Bekannt ist das Kraut als Küchengewürz für Eintöpfe, Fleisch, Gemüse und Suppen. In der Homöopathie ist das ätherische Öl des Krautes ein Mittel gegen Appetitlosigkeit, Blähungen und Magenverstimmungen. In der Volksmedizin wurde das Kraut bei Verdauungsstörungen, Frauenleiden, Migräne und Rheuma verwendet. Nicht bei Entzündungen der Niere und ableitenden Harnwege sowie während der Schwangerschaft.

Andorn

Marrubium vulgare

Merkmale
Der Andorn stammt ursprünglich aus Südeuropa, ist aber heute auch bei uns heimisch, wo die Pflanze auf Schuttplätzen oder Wiesen wächst. An den ca. 60 cm hohen Stängeln befinden sich rundliche bis elliptische Blätter, die besonders unterseits eine feine filzige Behaarung besitzen. In den oberen Blattachseln bilden sich von Juni–September weiße Blüten, die in Scheinquirlen angeordnet sind.

Anbau und Pflege
Das Kraut benötigt zum Wachsen einen sonnigen Standort und gut wasserdurchlässige Erde. Samen werden im zeitigen Frühjahr in Töpfe im Kalten Kasten oder später direkt ins Beet gesät. Andorn ist ein sehr anspruchsloses Kraut, das

Andorn

nur wenig Pflege bedarf. Mulchen verhindert zu starke Bodenaustrocknungen im Sommer.

Ernte und Verwendung
Wenn das Kraut in voller Blüte steht, erntet man die oberen Pflanzenteile und hängt sie an einen luftigen Ort zum Trocknen auf. Das ätherische Öl, die Gerb- und Bitterstoffe, insbesondere das Marrubiin, haben eine appetitanregende, durchfalllindernde und hustenlösende Wirkung. Als heilendes Hausmittel wird vorrangig der Tee verabreicht.

Zitronenmelisse

Melissa officinalis

Merkmale
Das bis zu 90 cm hohe Kraut aus der Familie der Lippenblütler hat seine Heimat vom östlichen Mittelmeer bis nach Zentralasien. An vierkantigen Stielen stehen gegenständige, eiförmige Blätter. Der Name Zitronenmelisse rührt vom starken Zitronenduft, der beim Zerreiben der Blätter entsteht. Weißlich gelbe bis rein weiße Blüten bilden sich von Juni–August als Scheinquirle in den Blattachseln der oberen Blätter.

Anbau und Pflege
Sonnig warme Standorte mit mäßig nährstoffreichen, wasserdurchlässigen Böden gelten als optimal für die Kräuterkultur. Ausgesät wird im Frühjahr in Reihen mit einem Abstand von ca. 30 cm oder früher in Töpfe im Kalten Kasten. Große Pflanzen lassen sich durch Teilung im Herbst oder durch

Zitronenmelisse

Stecklinge vermehren. Mischkultur mit anderen ausdauernden Kräutern oder Kohlarten empfiehlt sich. Dünger- oder Kompostgaben im Frühjahr fördern die Pflanzenentwicklung. Mulchen bewirkt eine gleichmäßige Bodenfeuchtigkeit und unterdrückt Unkräuter.

Ernte und Verwendung
Das Kraut wird vor der Blüte geerntet, da es sonst zu Aromaverlust kommt. Melissenblätter sind ein hervorragendes Gewürz für Eintöpfe, Salate, Saucen und Suppen. Die Inhaltsstoffe, vor allem das ätherische Melissenöl wirken bei Nervosität, Magen-Darmbeschwerden und Erkältungen. Empfohlen werden Blättertee, Aufgüsse und Badezusätze.

Zitronenmelisse-Sorten

Deutscher Name	Botanischer Name	Besonderheit
Gelbbunte Zitronenmelisse	*Melissa officinalis 'Variegata'*	*gelbgrüne Blattzeichnung*
Goldene Zitronenmelisse	*Melissa officinalis 'Aurea'*	*goldgelbe Blattfarbe*
Kompakte Zitronenmelisse	*Melissa officinalis 'Nana'*	*kompakt wachsend*

Bachminze

Bachminze

Mentha aquatica

Merkmale

Die auf Nasswiesen, Sumpfgebieten und Uferrändern beheimatete Bachminze ist ein ausdauerndes Kraut, das stark ausläuferbildend ist. Die bis 80 cm hohen Stängel haben eine rötliche Färbung und einen vierkantigen Querschnitt. Die rötlich grünen Blätter sind glatt und gegenständig angeordnet. Am Ende der Stängel bilden sich in den Blattachseln von Juli–September hellviolette röhrenförmige Blütenwirtel.

Anbau und Pflege

Die Bachminze benötigt viel Feuchtigkeit, um gedeihen zu können. Dementsprechend bieten sich Bachläufe, feuchte Bodendellen oder Teichränder als Pflanzplatz an. Die Vermehrung erfolgt durch Stecklinge im Mai oder Juni und Teilung im Frühjahr oder Herbst. Die Gefäßkultur schränkt die Wuchsfreudigkeit der Minzen ein. Bodenaustrocknungen durch sommerliche Temperaturen sind durch umfangreiches Wässern zu vermeiden. Stark wuchernde Exemplare können durch Teilung verkleinert werden. Mischkultur eignet sich wie auch bei den anderen Minzen mit Kartoffeln, Kohl, Kopfsalat und Tomaten.

Ernte und Verwendung

Wie bei fast allen Minzen werden Blätter und blühende Sprossspitzen geerntet, indem die ganze Pflanze über dem Boden abgeschnitten wird. Getrocknet wird sie an einem luftig schattigen Ort. Die Heilwirkung unterscheidet sich kaum von der Pfefferminze. Der Blättertee hilft bei Kopfschmerzen, Magenverstimmungen und Übelkeit. Zudem lindert sie Krämpfe und wirkt erfrischend, durstlöschend und schmerzstillend.

Vorsicht bei allen Minzen: Das reine Minzöl sollte nicht mit der Haut in Berührung kommen! Säuglinge und Kleinkinder können sogar bei Kontakt im Gesicht ersticken!

Poleiminze

Poleiminze

Mentha pulegium

Merkmale

Die Poleiminze ist ein ausdauerndes, am Boden kriechendes Kraut. Die Stängel der Pflanze werden bis 40 cm hoch. Die Blätter sind gegenständig angeordnet, besitzen eine ovale bis rundliche Form und eine glatte Oberfläche. Sehr dekorative Blüten, die in Quirlen in den Achseln sitzen, erscheinen zwischen Juni und August. Diese Minze kommt überall in Europa an feuchten Lagen vor.

Anbau und Pflege

Wie an den Naturstandorten benötigt diese Minzeart feuchte Böden, die sowohl sonnig als auch leicht beschattet liegen können. Samen sind im Frühjahr direkt ins Beet zu säen. Vermehrung ist ebenso durch Stecklinge und Teilung möglich. Heißes Wetter kann durch Wassermangel zu Trockenschäden führen, sodass Gießen während dieser Zeiten unerlässlich ist. Frühjährliches Mulchen bewirkt eine gleichmäßige Bodenfeuchtigkeit.

Ernte und Verwendung

Bei der Poleiminze werden die blühenden Sprossspitzen gesammelt, die ca. 10–20 cm über dem Boden abgeschnitten und an einem schattigen Ort getrocknet werden. Das Kraut hat ähnliche Eigenschaften wie die gewöhnliche Pfefferminze. Sie wirkt bei Darmkrämpfen, Magenbeschwerden lindernd und regt die Lebertätigkeit an. Überdosierungen können allergische Reaktionen hervorrufen und sogar toxisch wirken. Vorsicht: Hautkontakt mit dem reinen Öl vermeiden! Das sehr eigene Aroma vertreibt bei der Gefäßkultur auf der Fensterbank Insekten und Ungeziefer.

Grüne Minze

Mentha spicata

Merkmale

Diese Minze ist ein Bastard aus der Rossminze (*M. longifolia*) und der Apfelminze (*M. suaveolens*). Aus den kriechenden Ausläufern treiben grüne vierkantige Stängel und gegenständig angeordnete grüne Blätter, die leicht gekraust sein können. Das Kraut wird bis zu 80 cm hoch und kommt nicht wild in der Natur vor. Lilaviolette Blüten, die in den oberen Blattachseln Quirle bilden, kommen von Juli–August zum Vorschein.

Anbau und Pflege

Ähnlich wie alle anderen Minzen, benötigt diese Art ausreichend feuchte Lagen, die sonnig oder auch leicht schattig gelegen sein können. Die Vermehrung ist durch Stecklinge im Mai oder Juni, die Teilung der Ausläufer im Frühjahr oder Herbst möglich. Im Sommer sind heiße Temperaturen durch Wassergaben auszugleichen. Dünger- und Humusgaben im Frühjahr fördern die Pflanzenentwicklung.

Ernte und Verwendung

Als Erntegut kommen Blätter und blühende Sprossspitzen in Frage, die anschließend frisch zum Würzen von Kräutertees, Fleischspeisen, Salaten und Saucen verwendet werden können. Das getrocknete Kraut eignet sich vorrangig für aromatische Tees. Tee aus Grüner Minze hat eine ähnliche Wirkung wie gewöhnlicher Pfefferminztee. Eine Varietät ist die Spearmint-Minze, die das Aroma des Kaugummis liefert.

Grüne Minze

Apfelminze

Mentha suaveolens

Merkmale

Diese Art ist ein sehr wuchskräftiger Vertreter aus der Gattung der Minzen und wird bis zu 1 m hoch und ausladend. Der gesamte Spross ist leicht filzig behaart. Die eiförmigen, gesägten Blätter sind gegenständig an dicken vierkantigen Stängeln angeordnet. Die rosa bis weißlich rosa Blüten bilden Wirtel an endständigen verzweigten Ähren. Naturstandorte sind in Süd- und Westeuropa zu finden.

Anbau und Pflege

Diese Minze bevorzugt sonnige Lagen, nimmt aber auch mit Halbschatten Vorlieb. Der Boden sollte ausreichend Feuchtigkeit besitzen. Vermehrt wird sie durch Triebstecklinge im Mai und Juni oder durch Teilung der Ausläufer im Frühjahr oder Herbst. Dünger- und Humusgaben sind für das Wachstum förderlich. Stark wuchernde Pflanzen sind durch Teilung zu verkleinern. Topfkulturen oder alternativ eine Rhizomsperre (im Gartenfachhandel erhältlich) verhindern das Verwildern im Garten. Diese Minze ist nur mit anderen wuchsstarken Kräutern zu kombinieren.

Schädlinge

Bei trockenem Wetter ist Befall von Erdflöhen möglich.

Ernte und Verwendung

Das fruchtige Aroma der Apfelminze unterscheidet diese Minze von der gewöhnlichen Pfefferminze. Blätter und blühende Sprossspitzen ergänzen milde Kräutertees, würzen Salate, Saucen und Süßspeisen.

Arten und Sorten

Das weiß panaschierte Laub der Ananasminze (*M. suaveolens* 'Variegata') kann dekorativ Balkonkästen ergänzen.

Apfelminze

Pfefferminze

Multimentha

Ricolaminze

Pfefferminze

Mentha x piperita

Merkmale

Die Pfefferminze ist ein Bastard, d.h. eine Kreuzung aus der Natur, der im 17. Jahrhundert in England entdeckt und fortan kultiviert wurde. Das Kraut bildet kriechende Ausläufer, aus denen sich im Frühjahr 30–90 cm hohe vierkantige Stängel entwickeln. Die länglich-elliptischen Blätter sind gegenständig angeordnet. Von Juli–September bilden sich ährenartige Blütenstände, die aus weißlich-rosafarbenen bis rosaroten Einzelblüten bestehen.

Anbau und Pflege

Ausreichend feuchte Böden an sonnigen als auch halbschattigen Plätzen lassen Minzen gut gedeihen. Pfefferminze wird durch Steck-

Weitere Minzen

Deutscher Name	Botanischer Name	Besonderheit
Ingwerminze	*Mentha gentillis 'Variegata'*	*gelbgrüne Blätter, leichtes Ingwer-Minzaroma*
Japanische Minze	*Mentha arvensis var. piperita*	*Erkältungslinderndes Heilminzöl*
Krauseminze	*Mentha aquatica var. crispa*	*stark gekrauste Blätter*
Marrokanische Minze	*Mentha spicata var. crispa*	*bekannte Teeminze aus Nordafrika*
Multimentha	*Mentha x piperita*	*stark Menthol haltig, wenig anfällig für Minzrost*
Orangenminze	*Mentha x piperita var. citrata*	*große rundliche Blätter, Orangenaroma*
Ricolaminze	*Mentha spec. 'Swiss'*	*intensives Ricola-Aroma*
Naneminze	*Mentha spicata var. crispa*	*intensive Minze vom Bosporus*
Zitronenminze	*Mentha gentillis var. citrata*	*einzigartiges Minz-Zitronenaroma*

linge im Frühsommer oder Teilung der Ausläufer im Frühjahr oder Herbst vermehrt. Beim Pflanzen sind Abstände von 30–50 cm zu wählen.

Schädlinge und Krankheiten
Feuchtwarmes Wetter ruft den unbeliebten Minzrost hervor, der durch radikalen Rückschnitt beseitigt werden muss. Trockene Witterung kann zu einem Befall mit Echtem Mehltau oder Erdflöhen führen.

Ernte und Verwendung
Geerntet werden Blätter und junge Triebe während des gesamten Jahres. Frisches Erntegut wird zum Würzen von Salaten, Suppen, Eierspeisen, Quark und Getränken verwendet. Getrocknete Minze wird am häufigsten für Tee verwendet. Dieser wirkt bei Magen-Darmbeschwerden, Übelkeit mit Brechreiz, Glieder- und Kopfschmerzen. Vorsicht bei Gallensteinleiden. Übermäßiger Teegenuss wirkt schweißtreibend.

Bärwurz
Meum athamanticum

Merkmale
Zu finden ist dieses würzige Kraut auf nährstoffarmen Gebirgshängen und Wiesen über 600 m in Mitteleuropa. Aus der Wurzel treiben im Frühjahr grundständige, drei- bis vierfach gefiederte Blätter, die sehr aromatisch sind. Aus ihrer Mitte entspringen ca. 30–60 cm hohe Stängel, die endständig cremeweiße Blütendolden tragen. Sie erscheinen im Frühsommer zwischen Juni und August.

Anbau und Pflege
Der Bärwurz benötigt einen sonnigen bis halbschattigen Standort, dessen Boden nicht zu nährstoffreich sein sollte. Die Vermehrung gelingt am besten durch Samen, die kurz nach der Samenreife in Töpfe im Kalten Kasten ausgesät werden. Dabei ist auf gleichmäßige Bodenfeuchtigkeit zu achten. Keimlinge sind zu vereinzeln und größere Pflanzen ins Beet auszupflanzen. Der vorzeitige Rückschnitt der Blütentriebe fördert das Blattwachstum, um mehr Ernteerträge zu erhalten.

Ernte und Verwendung
Das frische Kraut kann über den ganzen Sommer, die Samen im Spätsommer und die Wurzeln im Spätherbst geerntet werden. Das intensiv würzige Aroma eignet sich hervorragend zum Verfeinern für Kräuterbutter oder -quark, Eintöpfe, Salate und Suppen. Als Hausmittel gilt ein Wurzeltee, der bei Appetitlosigkeit und Verdauungsbeschwerden Linderung verspricht.

Bärwurz

Rosa blühende Goldmelisse

Indianernessel/ Goldmelisse

Monarda didyma

Merkmale

Die Goldmelisse, auch als Indianernessel bekannt, stammt ursprünglich aus Südamerika und dem östlichen Nordamerika. Das mehrjährige Kraut aus der Familie der Lippenblütler bildet dichte Horste. Die Sprosse tragen aromatische, wechsel- oder gegenständige Blätter, die eine lanzettliche Form haben. Das auffallendste Merkmal der Goldmelisse sind die farbkräftigen Lippenblüten, die in Wirteln angeordnet sind und von Juli–August erscheinen.

Anbau und Pflege

Sonnige als auch halbschattige Lagen mit mäßig fruchtbarem Boden gelten als optimal. Im Winter ist das Kraut vor übermäßiger Nässe und im Sommer vor starker Austrocknung zu schützen. Der Samen wird im Frühjahr oder Herbst in Töpfen im Kalten Kasten ausgesät. Die Pflanzen lassen sich im späten Frühjahr durch Stecklinge oder auch im Herbst durch Teilung vermehren. Andere staudenartige Kräuter eignen sich für die Mischkultur.

Krankheiten

Heiße Sommer fördern den Befall von Mehltau.

Ernte und Verwendung

Verwendung finden die jungen Blätter, die zum Würzen von Fleischspeisen, Kräuterweinen oder Salaten dienen. Blüten können als dekorative Garnierung eingesetzt werden. Blättertee lindert Blähungen, Schlaflosigkeit und Übelkeit. Dampfbäder haben sich bei Erkältungen bewährt. Als Schönheitsmittel zur Haarpflege gelten in Öl eingeweichte Blätter.

Brunnenkresse

Nasturtium officinale

Merkmale

An sauberen fließenden Gewässern, wie z. B. Bachläufen, Gräben und Quellen beheimatet, wächst das ausdauernde Kraut kriechend mit bis zu 90 cm langen niederliegenden Trieben. Die kantig-hohlen Sprosse mit den fleischigen Blättern bilden einen Rasen, der sich auch im Winter beernten lässt. Doldentraubig angeordnet, sind die von April–Juli erscheinenden weißen Blüten. In kleinen Schoten entwickeln sich dann die Samen.

Anbau und Pflege

Das Kraut benötigt zum Wachsen nasse oder zumindest feuchte Standorte, die sowohl sonnig als auch leicht schattig liegen können. Bach- oder Teichränder eignen sich hervorragend als Pflanzplatz. Gesät wird die Brunnenkresse im Frühjahr direkt an den Standort. Die Vermehrung durch Triebstecklinge ist ebenfalls möglich. Der wichtigste Pflegeaufwand ist in heißen Sommern das Gießen, um an den Pflanzen Trockenschäden zu vermeiden. Die Bodenfeuchtigkeit ist auch durch Mulchen zu erhalten. Da starke Barfröste unter -10 °C Frostschäden verursachen können, ist eine Reisigabdeckung zu empfehlen.

Ernte und Verwendung

Ganzjährig lässt sich das frische Kraut ernten. Trocknen ist nicht sinnvoll, da das Kraut nur im frischen Zustand wirkt. Inhaltsstoffe, wie z. B. Senfölglykoside, Kalium, Eisen, Jod und die Vitamine A, C und D regen in Frühjahrskuren den Stoffwechsel an, würzen Salate, Eier, Eintöpfe und Suppen.

Brunnenkresse

Echte Katzenminze

Echte Katzenminze
Nepeta cataria

▸ **Merkmale**
Aus der Familie der Lippenblütler stammt dieses Kraut. Seine Heimat ist Mittel- und Südeuropa, wo es an Wegrändern, auf Ödländern und Schuttplätzen wächst. Der stark verästelte Spross der ausdauernden Pflanze wird bis zu 1 m hoch. Die gestielten Blätter sind filzig behaart, was ihr ein weißliches Aussehen gibt. Von Juni–September entwickeln sich dichte Scheinähren aus vielen cremeweißen Einzelblüten.

▸ **Anbau und Pflege**
Die Katzenminze benötigt sonnige Standorte mit wasserdurchlässigem Boden, der nicht nährstoffreich sein sollte. Die Samen werden im Frühjahr in Reihen ausgesät. Vermehrung ist auch durch Stecklinge und Teilung möglich. Bei der Pflanzung ist ein Abstand von ca. 30 cm zu empfehlen. Die erntebedingten regelmäßigen Rückschnitte verjüngen die Pflanze. Humus- und Kompostgaben im Frühjahr wirken positiv auf die Pflanzenentwicklung. Mulchen verhindert das Auflaufen von Unkräutern und schafft eine gleichmäßige Bodenfeuchtigkeit.

▸ **Ernte und Verwendung**
Der intensive Minzduft lockt Katzen magisch an, vertreibt andererseits Erdflöhe und Ratten. Blätter und junge Triebe würzen Fleisch- und Salatgerichte. Frische oder auch getrocknete Sprossspitzen eignen sich für aromatische Kräutertees, die appetitanregend, krampflösend und beruhigend wirken und bei Magenkrämpfen, Nervosität und Schlaflosigkeit helfen.

Gemeine Nachtkerze
Oenothera biennis

▸ **Merkmale**
Bei der Gemeinen Nachtkerze handelt es sich um eine zweijährige Pflanze, die auf Bahndämmen, Ödländern und Wegrändern heimisch ist. Der aufrechte Spross wird bis zu 1 m hoch. Die Blätter sind länglich und verkehrt eiförmig. In den Blattachseln kommen zwischen Juni und September duftende schwefelgelbe Blüten zum Vorschein. Nach einer Bestäubung entwickeln sich bis zu 3 cm lange Früchte, die jeweils ungefähr 200 Öl liefernde Samen beinhalten.

▸ **Anbau und Pflege**
Die anspruchslose Nachtkerze ist ein Pioniergewächs, das sonnige Lagen mit mageren wasserdurchlässigen Böden bevorzugt. Die Samen werden im Frühjahr in Reihen direkt ins Kräuterbeet gesät. Humus- und Kompostgaben im Frühjahr fördern die Pflanzenentwicklung. Ungewollte Sämlinge durch Selbstaussaat sind auf die notwendige Pflanzenmenge zu reduzieren, um die Verwilderung des Krautes zu vermeiden.

▸ **Ernte und Verwendung**
Die Blätter werden zur Blütezeit geerntet und anschließend getrocknet. Ein Tee aus ihnen wirkt durch den Gerbstoffgehalt insbesondere bei Durchfallerkrankungen. Die Wurzeln können als kräftigendes Gemüse zu Fleisch oder in Essig verarbeitet werden. Die Ernte erfolgt bei diesen Pflanzenteilen nach dem Einziehen im Herbst.
Die Samen besitzen einen hohen Gehalt an ungesättigten Fettsäuren und sind deshalb in der Pharmazie sehr bedeutend.

Gemeine Nachtkerze

Oregano

Oregano, Dost

Origanum vulgare

Merkmale

Das ausdauernde Kraut besitzt einen waagerecht kriechenden Wurzelstock, aus dem ein ca. 60 cm hoher Spross treibt. Die vierkantigen Stängel sind im oberen Teil verästelt und braunrot gefärbt. Die kreuzgegenständigen Blätter haben eine ovale Form und sind ganzrandig. Endständig bilden große Rispen die Blütenstände, die sich aus weißen bis roten Blüten zusammensetzen. In Europa weit verbreitet, trifft man das Kraut besonders auf Magerwiesen an.

Anbau und Pflege

An sonnigen Standorten mit wasserdurchlässigem Boden fühlt sich das Kraut wohl. Ausgesät wird im Frühjahr mit einem Abstand von 20–30 cm. Steckling gelingen am besten im Mai oder Juni. Im Frühjahr oder Herbst lassen sich größere Pflanzen auch durch Teilung vermehren. Im Gegensatz zu Majoran ist Oregano mehrjährig kultivierbar. Der Rückschnitt ist im Frühjahr oder Herbst möglich. Mulchen reguliert die Bodenfeuchtigkeit und verhindert die Keimung benachbarter Unkräuter.

Ernte und Verwendung

Das Kraut wird zwischen Juni und August zur Blütezeit geerntet. Der Spross wird bis auf die verholzenden Pflanzenteile zurückgeschnitten. Frisch oder getrocknet dient die aromatische Pflanze zum Würzen von Fisch, Fleisch, Nudel-, Pizza- und Tomatengerichten. Medizinisch wirkt sie appetitanregend, auswurf- und verdauungsfördernd, krampflösend und leicht anregend.

Petersilie

Petersilie

Petroselinum crispum

Merkmale

Ursprünglich stammt das beliebte Würzkraut aus Nordafrika, wird aber heutzutage in ganz Europa angebaut. Die zweijährige Pflanze treibt aus der kräftigen cremeweißen Pfahlwurzel kahle Blätter, die zwei- oder dreifach fiederspaltig sind. Sie besitzen einen gezähnten oder eingeschnittenen Rand. Man unterscheidet krause und glatte Petersilie. Blüten an bis zu 1 m hohen Stängeln werden erst durch Frosteinwirkung im zweiten Standjahr gebildet.

Anbau und Pflege

Petersilie benötigt sonnige bis halbschattige Plätze mit gut fruchtbarem Boden, der ausreichend feucht sein sollte, jedoch keine Staunässe aufweisen darf. Gesät wird ab März oder früher in geschützter Topfkultur. Pflanzkombinationen mit Gurken, Porree, Radieschen, Rettich und Zwiebeln wirken günstig aufeinander. Dünger- und Humusgaben verbessern die Entwicklung der Kräuter. Abgestandener Stallmist ist ein gutes Mittel zur Bodenverbesserung (frischer Mist lockt die Möhrenfliege an!). Petersilie nicht mehrere Jahre im gleichen Beet anbauen.

Schädlinge

Möhrenfliegen können die Wurzeln schädigen.

Ernte und Verwendung

Das Kraut lässt sich den gesamten Sommer ernten. Frisch verfeinert es Salate, Suppen, Soßen, Fleisch- und Quarkgerichte. Medizinisch wirkt das vitaminreiche Kraut, appetitanregend, harn- und schweißtreibend. Im Hausgebrauch wird es verwendet, um Mundgeruch, Akne und gereizte Haut zu bekämpfen. Zudem wird ihm eine haarwuchsfördernde Wirkung nachgesagt.

▸ Sorten
'Einfache Schnitt' (glattblättrig), 'Grüne Perle' (krausblättrig).

Bibernelle
Pimpinella major

▸ Merkmale
Der Name führt häufig zu Verwechslungen mit der Pimpinelle. Jedoch handelt es sich bei der ca. 80 cm hohen Pflanze um ein völlig anderes Kraut, das unter Umständen auch mit giftigen Doldenblütlern verwechselt werden kann. Die Blätter sind einfach fiederschnittig. An den kahlen Stängeln bilden sich von Juni–August weiße bis rosa Blüten, die in 5- bis 12-strahligen Dolden angeordnet sind. Das einheimische Kraut findet man auf Schutthalden und Wiesen.

▸ Anbau und Pflege
Sonnige Standorte mit frischem tiefgründigem Boden werden von der Pflanze bevorzugt. Samen werden im zeitigen Frühjahr ab März direkt ins Freiland gesät, wobei in Reihensaat ein Abstand von ca. 30 cm beachtet werden sollte. Wuchernde Kräuter in der Nachbarschaft sind ungünstig. Bodenaustrocknung ist mit zusätzlichem Gießen vorzubeugen. Humus- und Kompostgaben unterstützen das Pflanzenwachstum.

▸ Schädlinge
Blattläuse und Schnecken können unter ungünstigen Umständen Schäden anrichten.

▸ Ernte und Verwendung
Das Erntegut sind die Wurzeln, die im Herbst herausgenommen und anschließend getrocknet werden. Bronchitis, Asthma und Halsentzündungen sind die typischen Anwendungsgebiete der Pflanze. Bei diesen Leiden wird der Tee vor dem Herunterschlucken gegurgelt oder nur als Gurgelmittel verwendet.

Bibernelle

Spitzwegerich
Plantago lanceolata

▸ Merkmale
Der Spitzwegerich ist eine ausdauernde heimische Pflanze, deren Blätter in einer grundständigen Blattrosette angeordnet sind. Sie haben eine schmal-lanzettliche Form und sind deutlich längs geadert. Aus der Rosette treiben bis 40 cm hohe blattlose Stängel, die zwischen Mai und September endständige Blütenähren tragen. Die unscheinbaren Einzelblüten bilden lange Staubgefäße, die während der Blütezeit lang herausragen.

▸ Anbau und Pflege
Sowohl an sonnigen als auch halbschattigen Plätzen gedeiht der Spitzwegerich. An den Boden stellt das Kraut nur wenige Ansprüche, sodass es nahezu überall wächst. Die Aussaat ist im zeitigen Frühjahr ab März in einem Abstand von ca. 20–30 cm vorzunehmen. Regelmäßiges Wässern im Sommer vermeidet Bodenaustrocknungen. Düngergaben im Frühjahr oder nach der Ernte verbessern das Pflanzenwachstum.

▸ Ernte und Verwendung
Die Blätter des Spitzwegerichs lassen sich den ganzen Sommer ernten, wobei die Ernte kurz vor der Blüte am besten ist. Bekannt ist das Kraut als hervorragendes Hustenmittel. Nicht umsonst wird der Tee bei Asthma, Erkältungskrankheiten, fiebrigen Lungen- oder Bronchialbeschwerden empfohlen. Gepresster Pflanzensaft ist ein altes Hausmittel bei Frühjahrskuren zur Blutreinigung.

Spitzwegerich

Sauerampfer

Sauerampfer

Rumex acetosa

Merkmale

Der Sauerampfer ist ein feuchtigkeitsliebendes Wiesenkraut, das in unseren Breiten heimisch ist.
Die aufrechten kantigen Stängel werden bis 60 cm hoch und sind im unteren Teil rot gefärbt. Die grasgrünen ganzrandigen Blätter sind sehr saftig und haben einen stark säuerlichen Geschmack. Die unscheinbaren Blüten sind grün bis rot gefärbt, bilden gipfelständige Scheinquirle und erscheinen zwischen April und Juni.

Anbau und Pflege

Lagen, die sonnig als auch leicht schattig liegen und einen ausreichend feuchten Boden haben, sind optimal. Gesät wird entweder im März/April oder August/September in einem Abstand von 20–30 cm. Die Mischkultur ist nur mit anderen wuchsstarken Kräutern zu empfehlen. Sommerliche Temperaturen sind mit Wässern auszugleichen. Das Ausbrechen der Blütenstiele bewirkt ein stärkeres Blattwachstum, wodurch größere Ernteerträge möglich sind.

Ernte und Verwendung

Das gesamte Kraut kann bis zur Blüte geerntet werden, indem es kurz über dem Boden abgeschnitten wird. Die Inhaltsstoffe, im Vordergrund das Vitamin C, machen das frische Kraut zu einem hervorragenden Küchengewürz. Salate, Soßen, Suppen, Gemüse und Quark lassen sich mit Sauerampfer verfeinern. Zudem wirkt er appetitanregend und blutreinigend. Der Tee lindert äußerlich Hautkrankheiten.

Weinraute

Ruta graveolens

Merkmale

Die im Mittelmeerraum beheimatete Pflanze wird bis zu 1 m hoch und verholzt am Grund. Die Blätter sind wechselständig angeordnet, langstielig und zwei- oder dreifach fiederspaltig. Die Blattoberfläche ist kahl und schimmert blaugrün. Die Blüten kommen zwischen Juni und August zum Vorschein. Sie fallen dekorativ durch ihre 4 oder 5 gelben Kronblätter auf.

Anbau und Pflege

Der Standort sollte sonnig und warm gelegen und der Boden wasserdurchlässig sein. Samen werden im Frühjahr ab April nach der letzten Frostgefahr in Reihen in Abständen von ca. 30 cm ausgesät. Mischkultur mit anderen ausdauernden Kräutern ist möglich. Starke Nässe im Herbst kann die Pflanzenwurzeln schädigen. Empfindlich reagiert das Kraut auf Barfröste in rauen Lagen, sodass eine Reisigabdeckung ratsam ist. Rückschnitte im Herbst sollten nicht zu tief ins Holz gehen.

Ernte und Verwendung

Gesammelt werden die Sprossspitzen, die anschließend an einem luftigen schattigen Ort getrocknet werden. In der Küche findet das intensive Aroma zum Würzen von Ei-, Fleisch-, Fischgerichten, Suppen und Soßen Verwendung. Dabei ist das Kraut nur sparsam zu verwenden, da es bei Überdosierungen toxisch wirken kann. In der Naturmedizin ist die appetitanregende, beruhigende, harntreibende und krampflösende Wirkung bekannt.

Weinraute

Gartensalbei

Muskatellersalbei

Honigmelonensalbei

Salbei

Salvia officinalis

Merkmale

Der Salbei stammt ursprünglich aus dem Mittelmeerraum. Das bis 60 cm hohe Kraut verholzt am Grund und ist im oberen Teil krautig, sodass es zur Gruppe der Halbgehölze zählt. Die vierkantigen, filzigen Stängel tragen länglich-elliptische Blätter, die silbriggrün glänzen. Die hell- bis violettblauen Blüten sind in lockeren Ähren angeordnet und erscheinen zwischen Juni und August.

Anbau und Pflege

Als Standort eignen sich sonnige Lagen mit wasserdurchlässigen Böden. Die Samen werden ab März direkt ins Freiland in einem Abstand von ca. 30 cm gesät. Stecklinge lassen sich im Frühsommer vermehren. Mischkultur eignet sich mit anderen ausdauernden Kräutern sowie Bohnen, Erbsen, Kohl und Möhren. Salbei eignet sich gut für die Topfkultur. Bodenaustrocknungen im Sommer sind durch Gießen auszugleichen. Humus- und Kompostgaben fördern den Pflanzenwuchs. Mulchen verhindert das Keimen benachbarter Unkräuter.

Ernte und Verwendung

Junge Blätter und Triebe lassen sich ab dem Frühjahr ernten. Bester Erntezeitpunkt ist vor der Blüte. Der Tee wirkt durch die ätherischen Öle beruhigend, entzündungslindernd und schweißtreibend und wird bei Rachenentzündungen und Erkältungen eingesetzt. Nicht während der Schwangerschaft. In der Küche wird das Kraut als Gewürz für Fleisch, Gemüse, Fisch, Eintöpfe und Suppen verwendet.

Salbei-Arten

Deutscher Name	Botanischer Name	Bemerkung
Ananassalbei	*Salvia elegans*	*frostempfindlich, Ananasaroma*
Honigmelonensalbei	*Salvia elegans cv.*	*frostempfindlich Honigmelonenaroma*
Muskatellersalbei	*Salvia sclarea*	*stark wüchsig, frosthart, attraktive Zierpflanze*
Peruanischer Salbei	*Salvia discolor*	*frostempfindlich, fast schwarz blühend*
Pfirsichsalbei	*Salvia x jamensis*	*frostempfindlich, pfirsichähnliches Fruchtaroma*
Spanischer Salbei	*Salvia lavandulifolia*	*guter Räuchersalbei*

Pimpinelle

Sanikel

Kleiner Wiesenknopf/ Pimpinelle

Sanguisorba minor

Merkmale

Die Pimpinelle ist ein mehrjähriges Kraut, aus dessen verholzendem Wurzelstock eine Rosette von Grundblättern und bis zu 60 cm hohe Stängel treiben. Die dunkelgrünen Blätter bestehen aus bis zu 12 Paar Fiedern und einer Endfieder. Zwischen Mai und Juni zeigen sich rötliche Ähren, die sich aus grünroten Einzelblüten zusammensetzen. Beheimatet ist die Pflanze an Bahndämmen, Feldern und Wiesen.

Anbau und Pflege

Das Kraut gedeiht sowohl in sonnigen als auch halbschattigen Lagen auf leichten und kalkhaltigen Böden. Der Samen wird im Frühjahr in einem Abstand von ca. 20–30 cm ausgesät. Teilung größerer Pflanzen ist möglich. Die Pimpinelle kann gemeinsam mit anderen ausdauernden Kräutern angebaut werden. Jährliches Düngen oder Kompostgaben erhöhen das Pflanzenwachstum. Das Entfernen der Blütentriebe steigert die Blatterträge.

Krankheiten

Trockenes Sommerwetter kann Mehltau hervorrufen; ein kräftiger Rückschnitt fördert den gesunden Neutrieb.

Ernte und Verwendung

Bis auf die Wurzeln lässt sich das gesamte Kraut von April–Juli ernten. Frisch findet es vor allem in der Küche Verwendung, indem es Salate, Eier-, Fisch-, Fleisch- und Quarkspeisen, Soßen und Suppen verfeinert. Beim Kochen verlieren die Blätter jedoch ihr Aroma.
Der Blättertee hat eine appetitanregende, blutreinigende und verdauungsfördernde Wirkung.

Sanikel

Sanicula europaea

Merkmale

Das ausdauernde Doldengewächs kommt in schattigen Laubwäldern Mitteleuropas vor und wird ungefähr 30–50 cm hoch. Aus einem kurzem Wurzelrhizom treiben grundständige langgestielte Blätter, die am Rand gesägt sind und eine handförmige Form besitzen. Zwischen Mai und Juli treiben Stängel, die im oberen Bereich verzweigt sind und endständig weiße oder rötliche Blüten tragen.

Anbau und Pflege

Sanikel benötigt halbschattige Standorte mit humosem, wasserdurchlässigem Boden. Eine Aussaat ist nur mit erntefrischem Samen erfolgversprechend. Besser gelingt die Teilung von größeren Pflanzen im Frühjahr oder Herbst. Um den Humusgehalt des Bodens zu verbessern, ist es ratsam, Buchenlaub oder Kompost einzuarbeiten. Frühjährliches Mulchen oder Wässern im Sommer verhindert Bodenaustrocknungen.

▸ **Ernte und Verwendung**
Zur Blütezeit wird das Kraut mit den grundständigen Blättern geerntet und anschließend getrocknet. Das Kraut wird zur Blutreinigung, für Husten- und Magentees verwendet. Entzündungen im Rachenraum und am Zahnfleisch können durch Gurgeln, Hautausschläge, Quetschungen und Zerrungen durch Umschläge gelindert werden. Überdosierungen können Nebenwirkungen hervorrufen.

Heiligenkraut

Santolina chamaecyparissus

▸ **Merkmale**
Der Halbstrauch kommt von trockenen Standorten des westlichen Mittelmeerraumes. Am Grund verholzt der Korbblütler. Der obere Spross ist krautig und stark verzweigt. Die graugrünen Blätter sind linealisch und gefiedert. Von Juni–August entstehen Blütenstände, die auf einem langen Stiel sitzen. Sie haben eine gelbe bis grünliche Farbe und besitzen dadurch einen nicht zu unterschätzenden Zierwert.

▸ **Anbau und Pflege**
Das Heiligenkraut benötigt einen warmen sonnigen Platz mit gut wasserdurchlässiger Erde. Die Vermehrung ist durch Stecklinge im Frühsommer oder durch Teilung im Frühjahr oder Herbst möglich.
Das Kraut eignet sich auch gut für die Topfkultur. Der Rückschnitt im Herbst verhindert ein Verkahlen im unteren Spross. Dabei ist ein zu tiefer Rückschnitt ins Holz zu vermeiden, um den Neutrieb nicht zu schädigen. In strengen Wintern ist ein Winterschutz durch eine Reisigabdeckung zu empfehlen.

▸ **Ernte und Verwendung**
Geerntet werden die blühenden Sprossspitzen, die danach an einem luftigen, schattigen Ort getrocknet werden. Heutzutage wird das Kraut vorrangig zur Mottenabwehr in Duftsäckchen eingesetzt. In der Heilkunde werden die verdauungsfördernden und reinigenden Eigenschaften erwähnt. Äußerlich angewendet, hilft es beim Juckreiz durch Insektenstiche. Der wichtigste Inhaltsstoff ist das Thujon – nicht einnehmen!

Heiligenkraut

Berg-Bohnenkraut

Berg-Bohnenkraut
Satureja montana

▸ Merkmale
Im Gegensatz zum Garten-Bohnenkraut ist diese Art mehrjährig und auch unter dem Namen Pfefferkraut oder Winter-Bohnenkraut bekannt. Durch die Streifzüge der Römer gelangte das Kraut nach Mitteleuropa. Sein bis zu 40 cm hoher Spross verholzt im unteren Bereich. Die Stängel tragen schmale lanzettförmige Blätter, die eine dunkelgrüne Farbe besitzen, glänzend erscheinen und sich hart anfühlen. Die zartrosa Blüten des Berg-Bohnenkrauts entwickeln sich zwischen Juli und August.

▸ Anbau und Pflege
Sonnige und trockene Lagen sind am besten als Standort geeignet. Die Samen lassen sich ab April in Reihen aussäen. Auch die Vermehrung durch Stecklinge oder Absenker ist möglich. Der Verjüngungsschnitt ist die wichtigste Pflegearbeit. Durchgeführt wird er entweder im Frühjahr oder Herbst. Dabei ist nicht zu tief ins Holz zu schneiden, um den folgenden Austrieb nicht zu schwächen. Die Mischkultur mit Busch- und Stangenbohnen ist zu empfehlen.

▸ Ernte und Verwendung
Das immergrüne Kraut kann ganzjährig, auch im Winter geerntet werden. Frisch oder getrocknet verfeinert es viele Bohnen-, Fleisch- und Gemüsespeisen. Der Tee wirkt appetitanregend, verdauungsfördernd und lindert durch Gurgeln Halsschmerzen. Blühende Sprossspitzen helfen als Gesichtsdampfbad bei fettiger Haut.

Goldrute
Solidago virgaurea

▸ Merkmale
Die aus der Familie der Korbblütler stammende Goldrute ist auf Feldern und Wiesen im nahezu gesamten Europa beheimatet. Das ausdauernde Kraut hat ein zylindrisches Rhizom, aus dem ein oder mehrere ca. 1 m hohe Stängel treiben. Wechselständig angeordnet, sind die ovalen Blätter mit dem gezähnten Rand. Im Gegensatz zur Oberseite sind sie unterseits behaart. Zahlreiche gelbe Rispen bilden einen Blütenstand, der sich in den oberen Blattachseln befindet.

▸ Anbau und Pflege
Die Goldrute ist sehr anspruchslos an ihren Standort, sodass sie sowohl mit sonnigen als auch halbschattigen Standorten Vorlieb nimmt. Gesät wird im Frühjahr in Abständen von ca. 30 cm. Vermehrung ist auch durch Stecklinge und Teilung möglich. Mischkultur mit anderen staudenartigen Kräutern bietet sich an. Das Einarbeiten von Humus- und Kompost im Frühjahr verbessert die Bodenstruktur, was der Pflanzenentwicklung zugute kommt.

▸ Krankheiten
Vom Mehltau befallene Pflanzenteile sind zu entfernen.

▸ Ernte und Verwendung
Die blühenden Sprossspitzen werden im Hochsommer zwischen Juli und August geerntet und an einem luftigen, schattigen Ort zum Trocknen aufgehängt. In der Volksmedizin ist die Goldrute für ihre harntreibende Wirkung bekannt. Weiterhin wirkt sie entzündungshemmend, abschwellend und regulierend auf die Darmfunktion.

Goldrute

Heilziest

Heilziest

Stachys officinalis

▸ Merkmale

Magere Wiesen und lichte Wälder sind die Heimat des einheimischen Heilziestes. Die vierkantigen Stängel des ausdauernden Krautes können bis 60 cm hoch werden. Die dunkelgrünen grundständigen Blätter sind herzförmig und am Rand groß gezähnt. Die dekorativen rosaroten Scheinquirle setzen sich aus vielen Lippenblüten zusammen und erscheinen im Hochsommer von Juli–August.

▸ Anbau und Pflege

Als Standort kommen sonnige bis halbschattige Lagen in Frage, die einen fruchtbaren wasserdurchlässigen Boden besitzen. Die Aussaat ist im Frühjahr in Reihen mit 20–30 cm vorzunehmen. Größere Pflanzen lassen sich im Frühjahr oder Herbst teilen. Andere ausdauernde Kräuter eignen sich als Nachbarn. Das Einarbeiten von Kompost im Frühjahr verbessert den Boden und lässt die Pflanze schneller gedeihen. Mulchen verhindert das Keimen von Unkräutern in der Nachbarschaft.

▸ Ernte und Verwendung

Die Blätter werden vor der Blüte von April–Mai geerntet. Vor der Samenreife werden die blühenden Stängel geerntet. Als Tee wirkt Heilziest bei Migräne und Bronchialkatarrh. Äußerlich als Abkochung angewendet wird das Kraut zur Reinigung und Säuberung von Wunden empfohlen. Überdosierungen rufen Brechreiz hervor und wirken stark abführend.

Beinwell, Comfrey

Symphytum officinale

▸ Merkmale

Die mehrjährige Pflanze aus der Familie der Borretschgewächse wird bis zu 1 m groß. Aus den fleischig dicken Wurzeln treiben große grundständige Blätter, deren Oberfläche rau behaart ist. Rotviolette, teils auch gelblich weiße, glockige Blüten zeigen sich von Mai–September. Sie sind in lockeren Trauben angeordnet. Der Beinwell bevorzugt feuchte Stellen in ganz Europa, wo er an Bachufern, Feldrändern, Gräben und Wiesen vorkommt.

▸ Anbau und Pflege

Sonnige oder halbschattige Plätze mit ausreichend feuchtem Boden sind für den Beinwell zu wählen. Samen werden im Frühjahr direkt ins Freiland im Abstand von 40–60 cm gesät. Die Vermehrung durch Teilung ist entweder im Herbst oder Frühjahr durchzuführen. Jährliches Düngen mit Kompost sorgt für eine optimale Pflanzenentwicklung. Bodenaustrocknungen im Sommer sind durch ausreichende Wassergaben zu vermeiden. Pflanzgemeinschaften sind durch die starke Wüchsigkeit des Beinwells eingeschränkt.

▸ Ernte und Verwendung

Im Herbst oder Frühjahr kann man die Wurzeln, kurz vor der Blüte die Blätter und blühenden Sprossspitzen ernten. Das Kraut wird vorrangig bei Hautkrankheiten und zur Wundbehandlung eingesetzt. Entzündungen, Juckreiz, Prellungen, rissige Haut oder leichte Verbrennungen können durch Breiumschläge und Kompressen behandelt werden.

Beinwell

Mutterkraut

Mutterkraut

Tanacetum parthenium

Merkmale
Der dekorative Korbblütler stammt ursprünglich aus dem östlichen Mittelmeergebiet. Die gesamte Pflanze hat einen kamillenartigen Geruch und verholzt am Stängelgrund. Die Grundblätter sind eiförmig, fiederteilig und am Rand stark gebuchtet. Die bis zu 60 cm hohen Stängel besitzen endständige 1,5–2 cm große Blütenköpfe, bestehend aus gelben Röhren- und weißen Zungenblüten, die zwischen Juli und September erscheinen.

Anbau und Pflege
Das Mutterkraut bevorzugt sonnige bis leicht beschattete Standorte, mit wasserdurchlässigem Boden. Im Frühjahr werden die Samen in Reihen in Abständen von 20–30 cm gesät. Die Vermehrung durch Stecklinge ist im Frühsommer möglich. Die Mischkultur mit anderen ausdauernden Kräutern bietet sich an. Jährliches Düngen mit Kompost wirkt sich positiv auf das Pflanzenwachstum aus. Rückschnitte fördern einen buschigen Wuchs und verhindern ein Verkahlen des unteren Sprosses. Mulch schafft eine gleichmäßige Bodenfeuchtigkeit.

Ernte und Verwendung
Die Blätter können ganzjährig und der krautige Spross kurz vor der Blüte geerntet werden. In der Volksmedizin wird das bitter schmeckende Kraut vorrangig bei Migräne und Verdauungsbeschwerden verwendet. Kopfschmerzen werden durch das Kauen der Blätter oder Tee gelindert. Äußerlich wirken Umschläge bei Quetschungen und Schwellungen.

Quendel

Thymus pulegioides

Merkmale
Der Quendel ist ein Halbstrauch, der durch seine niederliegenden Triebe einen kriechenden Wuchs entwickelt. Die Blätter sind an den Stängeln gegenständig angeordnet. Sie sind ganzrandig, eiförmige und oftmals behaart. Die rosaroten Blüten bilden kugelige Köpfchen an den Enden der Triebe. Sie erscheinen in der Regel zwischen Mai und August. Quendel kommt an trockenen steinigen Plätzen, wie z. B. Wald- und Wegrändern, Felsen und Mauern vor.

Quendel

Anbau und Pflege
Sehr sonnige Standorte mit gut wasserdurchlässigem Boden sind notwendig für eine erfolgreiche Kultur. Zu säen ist im Frühjahr ab April in Reihen im Abstand von 15–25 cm. Vermehrung ist auch durch Ableger, Stecklinge und Teilung möglich. Regelmäßige Rückschnitte verhindern das Verholzen älterer Triebe und fördern einen Neutrieb. Standorte mit Staunässegefahr sind zu drainieren.

Ernte und Verwendung
Das blühende Kraut wird ohne Wurzeln geerntet. Das intensive Aroma macht den Quendel zu einem Gewürz für Bratkartoffeln, Eier- und Fleischspeisen, Salaten und Soßen. In der Volksmedizin verwendet man das Kraut aufgrund seiner appetitanregenden, krampflösenden und desinfizierenden Wirkung bei Husten und Erkältungskrankheiten, Blähungen und Verdauungsstörungen.

Garten-Thymian
Thymus vulgaris

Merkmale
Thymian ist ein Vertreter aus der Familie der Lippenblütler und wird zu den Halbgehölzen gezählt. Seine Heimat sind Felsengebiete im Mittelmeerraum. Die aufrechten Stängel werden bis 30 cm hoch. An ihnen sitzen graugrüne, unterseits filzige Blätter, die ein intensives Aroma verströmen. Zwischen Juni und August zeigen sich die rosa Blüten, die dichte Ähren bilden.

Garten-Thymian

Anbau und Pflege
Sonnige Lagen mit wasserdurchlässigem Boden bieten beste Voraussetzungen für die gesunde Kultur. Ohne den Samen abzudecken, wird im Frühjahr in Reihen und Abständen von 20–30 cm gesät. Thymian ist auch durch Stecklinge im Frühsommer vermehrbar. Mischkultur mit Kohlgewächsen erweist sich als günstig. Sparsames Düngen im Frühjahr regt die Pflanzenentwicklung an. Durch regelmäßigen Rückschnitt vermeidet man übermäßiges Verholzen der Triebe.

Ernte und Verwendung
Bei der Ernte werden die blühenden Sprossspitzen bevorzugt. Durch die nahe Verwandtschaft zum Quendel und ähnliche Inhaltsstoffe (ätherische Öle, Thymol, Gerbstoffe, Flavonoide u. a.) ist auch die Verwendung eine ähnliche. Besonders bei fetten Speisen regt das Gewürz die Verdauung an und wirkt als Tee appetitanregend. Wegen seiner krampflösenden Wirkung ist Thymian in Hustensäften und -tees zu finden.

Thymian-Arten

Deutscher Name	Botanischer Name	Besonderheit
Kümmelthymian	*Thymus herba-barona*	*intensives Kümmelaroma*
Lavendelthymian	*Thymus thracicus*	*leichtes Fruchtaroma*
Orangenthymian	*Thymus fragrantissimus*	*herbes Fruchtaroma*
Zitronenthymian	*Thymus x citriodorus*	*gutes Zitronenaroma*

Brennnessel

Brennnessel

Urtica dioica

Merkmale
Die Brennnessel ist ein mehrjähriges Wildkraut, das bis zu 1,50 m hoch wird. Die behaarten vierkantigen Stängel wachsen aus einem kriechenden Wurzelrhizom. Die gestielten herzförmigen Blätter sind kreuzgegenständig angeordnet. Der Blattrand ist grob gezähnt. Sowohl an der Ober- als auch an der Unterseite befinden sich die zahlreichen Brennhaare. Die zweihäusigen Blüten bilden Ähren und erscheinen zwischen Mai und August.

Anbau und Pflege
Brennnesseln gedeihen am besten auf frischen, fruchtbaren und humosen Böden in der Sonne und im Halbschatten. Aussaat ist erst im späten Frühjahr ab Mai ratsam, da zur Keimung hohe Bodentemperaturen nötig sind. Die Teilung größerer Pflanzen ist unproblematisch. Pflanzkombination ist nur mit wuchskräftigen Kräutern zu empfehlen. Regelmäßige Düngungen durch Jauchen und Komposte steigern die Pflanzenerträge. Durch den regelmäßigen Rückschnitt bilden sich ständig zarte Jungtriebe.

Ernte und Verwendung
Von Mai–Juni sind die Blätter vorsichtig, bestenfalls mit Handschuhen, zu sammeln. Sie sind häufiger Bestandteil vieler Kräuterteemischungen, da sie den Harndrang und Stoffwechsel anregen, sowie Galle- und Leberbeschwerden lindern. Die angewelkten Blätter brennen nicht mehr, sodass sie eine gesunde Bereicherung für Frühlingssalate sein können.

Baldrian

Valeriana officinalis

Merkmale
Der stattliche Spross des mehrjährigen Krautes kann über 1,50 m groß werden. Aus den dicken Wurzeln treiben hohle kantige Stängel, an denen gegenständige unpaarige Fiederblätter sitzen. Von Juni–August bilden sich endständig rosaweiße Blüten in großen Doldentrauben an den verzweigenden Stielen. Baldrian ist überall in Europa an feuchten Standorten, wie z. B. Bachläufen, Sumpfrändern, Auen- und Feuchtwiesen zu finden.

Anbau und Pflege
Als Standort eignen sich sonnige oder halbschattige Plätze mit ausreichend feuchtem Boden. Samen werden entweder in Reihen oder breitwürfig ausgesät. Als Pflanzabstand ist 40–50 cm zu empfehlen. Große Exemplare lassen sich im Frühjahr oder Herbst teilen. Benachbarte Pflanzen gedeihen durch den Einfluss von Baldrian besser, werden jedoch durch seine Wuchsfreudigkeit eingeschränkt. Humus- und Kompostgaben im Frühjahr begünstigen das Krautwachstum. Bodenaustrocknungen sind durch zusätzliche Wassergaben zu vermeiden.

Ernte und Verwendung
Die Wurzeln werden ab September ausgegraben und zum Trocknen aufgehängt. Die zahlreichen Inhaltsstoffe (u. a. ätherische Öle, Valepotriate, Glykoside) geben dem Kraut eine beruhigende Wirkung, die bei nervösen Reizungen, Krämpfen im Magen-Darmbereich, Schlaflosigkeit, starkem Herzklopfen und Klimabeschwerden hilft. Eine übermäßige Anwendung kann zu chronischer Müdigkeit führen.

Baldrian

Königskerze

Königskerze

Verbascum thapsus

▸ **Merkmale**

Die zweijährige Königskerze gehört zur Familie der Rachenblütler. Aus der starken Wurzel entsteht im Frühjahr eine Rosette, die aus filzig behaarten Grundblättern besteht. Aus ihrer Mitte entspringen die bis zu 2 m hohen Blüten tragenden Stängel. Die gelben Blüten erscheinen zwischen Juli und September und bilden einen traubenartigen Blütenstand. Die Königskerze kommt überall in Mitteleuropa, besonders auf Feldern, Wegrändern und Wiesen vor.

▸ **Anbau und Pflege**

Sonnige Standorte mit magerem, wasserdurchlässigem Boden bieten optimale Voraussetzungen für einen gesunden Wuchs. Gesät wird im Frühjahr ab April in Reihen, nach dem Auflaufen der Keimlinge werden diese auf ca. 50 cm vereinzelt. Wegen ihres optischen Zierwertes ist die Königskerze auch für Blumenbeete und Bauerngärten interessant. Auf ausreichende Wasserversorgung im Sommer muss geachtet werden. Mulch reguliert die Bodenfeuchtigkeit und verhindert die Keimung von Unkräutern.

▸ **Krankheiten**

Durch Mehltau befallene Pflanzenteile müssen gründlich entfernt und entsorgt werden.

▸ **Ernte und Verwendung**

Vom Frühjahr bis zum Sommer lassen sich die Blätter und die Blüten kurz nach dem Aufgehen ernten. Der enthaltene Pflanzensaft wirkt als Tee bei Husten, Erkältungskrankheiten und Grippe. Äußerlich wirken Kompressen, Umschläge und Waschungen bei gereizter Haut, Hämorrhoiden, Geschwüren, Furunkeln und Juckreiz.

Eisenkraut

Verbena officinalis

▸ **Merkmale**

Als Unkraut auf Ödländern, Schuttplätzen und Wegrändern ist das ausdauernde Kraut bekannt. Die aufrechten, steifen und vierkantigen Stängel werden bis 60 cm hoch und entstehen aus einem kurzen Wurzelstock, sie verzweigen sich erst im oberen Bereich. Am Ende der Verzweigungen entwickeln sich von Juni–September blassrosa Blüten, die sich in Ähren zusammensetzen. Die fiederlappigen und gesägt-randigen Blätter sitzen gegenständig an den Stängeln.

▸ **Anbau und Pflege**

Das Eisenkraut stellt geringe Ansprüche an seinen Pflanzplatz, der sonnig als auch halbschattig gelegen sein kann. Staunässe verträgt es hingegen nur schlecht. Samen werden im Frühjahr in Reihen oder breitwürfig ausgesät. Ältere Pflanzen lassen sich teilen. Mäßige Düngungen mit organischen Düngern oder Kompost begünstigen die Pflanzenentwicklung. Durch Mulchen wird eine gleichmäßige Bodenfeuchtigkeit erreicht. Ungewollte Selbstaussaat ist zu entfernen.

▸ **Ernte und Verwendung**

Das gesamte Kraut wird bei der Ernte im blühenden Zustand über der Erde abgeschnitten und zum Trocknen aufgehängt.

Der hohe Anteil von Bitterstoffen hilft bei leichten Magenverstimmungen, Appetitlosigkeit und Durchfall. In der Volksmedizin wird dem Kraut eine milchbildende, fiebersenkende, harntreibende, rheumalindernde, leber- und milzreinigende Wirkung nachgesagt.

Eisenkraut

Einjährige Kräuter

Dill

Dill

Anethum graveolens

▸ Merkmale

Dill ist ein einjähriges Kraut, das im Jahr der Aussaat noch blüht, fruchtet und sich vermehrt. Man nimmt an, dass der Dill ursprünglich aus dem indischen Raum stammt.
Im Frühjahr treiben glatten Sprosse mit den fedrigen Blättern bis zu 1,20 m hoch und es entwickeln sich im Sommer große gelbe Dolden aus vielen kleinen Blüten. Die entstehenden Samen haben eine gerillte Form und sind von brauner Farbe.

▸ Anbau und Pflege

Dill wird gewöhnlich im Frühjahr im vorbereiteten Saatbeet ausgesät. Als Standort ist ein sonniger Platz zu wählen, dessen Boden gut fruchtbar und wasserdurchlässig ist. Während der Wachstumszeit darf es zu keinem Austrocknen des Bodens kommen, da die Pflanzen sonst dauerhaft geschädigt werden. Um das Wachstum des Krautes zu fördern, ist es ratsam, im Frühjahr Kompost in den Boden einzuarbeiten. Für die Mischkultur eignen sich viele Gemüsearten, wie z. B. Bohnen, Gurken und Kartoffeln.

▸ Schädlinge

Raupen, die als Schädlinge auftreten, sind am besten durch sorgfältiges Absammeln zu bekämpfen.

▸ Ernte und Verwendung

Früchte, Blätter und unreife Fruchtstände können bis zum Herbst geerntet werden. Sie verleihen vielen Speisen, wie z. B. Salaten, Gurken- und Fischgerichten, ein würziges Aroma. Ein Blättertee lindert Blähungen, Magenschmerzen und Schlaflosigkeit.

Borretsch

Borretsch

Borago officinalis

▸ Merkmale

Der Borretsch ist eine einjährige Pflanze, die im Jahr der Aussaat blüht und sich anschließend durch Samen verbreitet. Ihre Heimat sind Felsstandorte in Europa und dem Mittelmeergebiet. Ihre Sprosse besitzen wechselständige rau behaarte Blätter. Markant für Borretsch sind seine leicht nickenden blauen Blüten an bis zu 80 cm hohen Stängeln, die im Sommer gern von Bienen und Hummeln besucht werden.

▸ Anbau und Pflege

Borretsch wird direkt nach dem letzten Frost ins Freiland gesät. Diese Stellen sollten sonnig gelegen sein und einen wasserdurchlässigen, fruchtbaren Boden besitzen. Die Mischkultur mit verschiedenen Gemüsearten, wie z. B. Gurken, Kohl, Sellerie und Tomaten, ist empfehlenswert. Arme Böden sind durch Einarbeiten von Kompost oder Humus aufzuwerten. Sämlinge, die durch ungewollte Selbstaussaat keimen, sind rasch zu entfernen, da sie schnell den ganzen Garten bevölkern.

▸ Krankheiten

Zu geringe Pflanzabstände können zu Befall mit Mehltau führen.

▸ Ernte und Verwendung

Vom Borretsch werden die Blätter und Blüten verwendet. Letztere dienen als Garnierung für Salate und andere Speisen. Zum Würzen von Speisen sind die Blätter sparsam zu dosieren. Ein Blätter- und Blütentee wirkt stärkend und wird bei Stress oder Depression empfohlen, zudem lindert er Fieber, Husten und Hautausschlag.

Kerbel

Kerbel

Anthriscus cerefolium

Merkmale

Das einjährige Kraut ist in Südeuropa und Westasien beheimatet. Die Pflanze wächst mit verzweigten hohlen Stängeln bis zu 60 cm hoch. Am Ende der Stängel bilden sich ab dem späten Frühjahr feine Dolden, die aus kleinen weißen Blüten bestehen. Die aromatischen Blätter enthalten eine Reihe von Mineralien und Vitaminen, die gerade im Küchengebrauch sehr erwünscht sind. Zum Herbst färbt sich das filigrane Blattwerk rötlich.

Anbau und Pflege

Kerbel wird im zeitigen Frühjahr im geschützten Frühbeet ausgesät. Besteht keine Frostgefahr mehr, werden die Sämlinge in Abständen von 15–20 cm ins Freiland ausgepflanzt. Sonnige Lagen mit fruchtbarem und wasserdurchlässigem Boden gelten als optimal. Vorzeitige Samenbildung vermeidet man, indem in trockenen Perioden ausreichend gewässert wird. Die Mischkultur mit Gemüsearten, wie z. B. Bohnen, Kopfsalat, Radieschen und Rettich, bietet sich an.

Schädlinge

Junge Pflanzen leiden häufig am Befall von Raupen und Schnecken. Sorgfältiges Ablesen oder Bierfallen können größere Schäden vermeiden.

Ernte und Verwendung

Geerntet werden gewöhnlich nur die Blätter, deren petersilienartiges Aroma mit vielen anderen Kräutern kombiniert werden kann. Besonders frische Speisen, wie z. B. Salate, werden gern mit Kerbel verfeinert. Der Blättertee hat eine entgiftende und schwach abführende Wirkung.

Ringelblume

Calendula officinalis

Merkmale

Die einjährige Ringelblume findet man nicht nur im Kräutergarten, sondern auch in vielen Sommerblumenpflanzungen. Ihre leuchtend gelben Blütenköpfe können über 4 cm groß werden und zeigen sich von Juni–Oktober. Ihr aufrechter, ca. 50 cm hoher Wuchs kommt durch filzig behaarte Stängel zustande, an deren Seite aromatische, wechselständig angeordnete Blätter wachsen. In der Natur kommen sie an felsigen Standorten in Südeuropa vor.

Anbau und Pflege

Samen werden im Frühjahr oder Herbst direkt ins Freiland gesät. Herbstaussaaten sind mit schützenden Hauben abzudecken. Als Standorte eignen sich sonnige oder auch halbschattige Plätze mit wasserdurchlässiger Erde. Mischkulturen mit Erbsen, Gurken, Kohl und Möhren dienen dem Schutz vor Bodennematoden.

Schädlinge und Krankheiten

Auftretende Blattläuse sind mit einer Milchspritzbrühe zu bekämpfen. Feuchte Sommer und zu enger Stand können Befall mit Echtem Mehltau hervorrufen.

Ernte und Verwendung

Die Blüten werden bei trockenem Wetter geerntet und sollen rasch an einem luftigen Ort trocknen, damit die Wirkstoffe, wie z. B. ätherische Öle, Saponine und Glykoside, erhalten bleiben. Vorrangig werden die Blüten zu Salben verarbeitet, die äußerlich bei schlecht heilenden Wunden, Verstauchungen und Geschwüren eingesetzt werden. Positiv wirkt die Ringelblume auch bei Hautentzündungen, Rissen, Brand- und Quetschwunden.

Ringelblume

Koriander

Koriander

Coriandrum sativum

▸ Merkmale

Diese einjährige Gewürz- und Heilpflanze stammt aus Nordafrika und Vorderasien, wo sie seit Jahrtausenden für ihr besonderes Aroma bekannt ist. Die grundständigen Blätter der bis zu 50 cm hohen Pflanze sind langstielig und fiederschnittig. Die oberen Blätter besitzen keine Stiele und sind feinteilig. An den Enden der Sprosse bilden sich aus vielen weißen Blüten Dolden, die fünfstrahlig sein können. Nicht von jedermann als angenehm empfunden, ist der Geruch der kugelig-runden Samen, die das eigentliche Gewürz darstellen.

▸ Anbau und Pflege

Die Samen werden im zeitigen Frühjahr im geschützten Frühbeet oder nach dem letzten Frost direkt an Ort und Stelle in Abständen von 30 cm ausgesät. Koriander wächst am besten an sonnigen Standorten mit fruchtbarer wasserdurchlässiger Erde.

▸ Krankheiten

Schlechter Wasserabfluss kann Welkepilze hervorrufen. Aus diesem Grund sind schwere Böden durch Einmischen von Sand und anderen Drainagematerialien zu verbessern.

▸ Ernte und Verwendung

Neben ätherischen Ölen, enthält die Pflanze Vitamin C und Gerbstoffe . Verwendet werden die reifen Früchte, die einen würzigen Geruch besitzen. Ähnlich wie andere Doldenblütler (Anis, Fenchel, Kümmel) wirkt Koriander bei Blähungen und anderen Stoffwechselstörungen. Weiterhin ist das Kraut Bestandteil vieler Würzmischungen, die Speisen, vor allem in der asiatischen Küche, den richtigen Pfiff geben können.

Gartenkresse

Lepidium sativum

▸ Merkmale

Die Gartenkresse ist ein einjähriges Kraut aus der Familie der Kreuzblütler. Die Sprosse werden bis zu 50 cm hoch. Die Blätter werden von oben nach unten fiederschnittig. Kleine, weiße bis rötliche Kreuzblüten erscheinen von Juni–August. Die Samen befinden sich in kleinen braunroten Schoten, die ca. 0,5 cm groß werden können. Verbreitet ist das Kraut von Südwest-Asien bis Nordost-Afrika.

▸ Anbau und Pflege

Die Gartenkresse benötigt für ein optimales Pflanzenwachstum sonnige Standorte und gut fruchtbaren Boden. Samen werden im Frühjahr direkt in Reihen ins Kräuterbeet gesät. Die Samen sind nicht abzudecken, da es sich um Lichtkeimer handelt. Eine Mischkultur mit Radieschen, Rettich, Salat und einjährigen Kräutern ist empfehlenswert. Auch eine Kultur in Töpfen und anderen Gefäßen bietet sich bei diesem Kraut an. Das Einarbeiten von Humus- und Kompost zur Bodenverbesserung ist empfehlenswert. Rasche Pflanzenentwicklung lässt mehrere Folgesaaten zu, sodass mehrmals im Jahr gesät werden kann.

▸ Ernte und Verwendung

Die Gartenkresse wird ganzjährig nur frisch geerntet. Zum Würzen können nicht nur die Blätter verwendet werden, sondern auch die scharfwürzigen Blüten. Die appetitanregende und verdauungsfördernde Wirkung machen das Kraut zu einer gesunden Zutat für Salate, Eintöpfe, Quark oder Rohkost. Medizinisch wirkt das Kraut blutreinigend und harntreibend, sodass es sich besonders für entschlackende Frühjahrskuren eignet.

Gartenkresse

Basilikum

Basilikum

Ocimum basilicum

▸ Merkmale

Das einjährige Kraut stammt ursprünglich aus warmen Gebieten Asiens, insbesondere Indiens.
Die aufrechten Stängel werden bis zu 50 cm hoch und tragen große gegenständige Blätter, die eine länglich-ovale Form besitzen.
In den Sommermonaten entwickeln sich in den oberen Blattachseln hellrosa Blüten, die sich zu Trugdolden zusammensetzen.

▸ Anbau und Pflege

Das wärmeliebende Kraut benötigt einen sonnigen Platz und ausreichend feuchte und nahrhafte Erde. Da Basilikum zur Keimung höhere Bodentemperaturen benötigt, kann erst ab Mai in Reihen ausgesät werden. Frühere Anzucht ist nur im geschützten Frühbeet oder in der Gewächshauskultur möglich. Für den Anbau von Basilikum ist eine Mindesttemperatur von 12–15 °C notwendig. Bodenverbesserungen durch Einarbeiten von Humus, Jauchen und Komposten erhöhen den Kulturerfolg. Regelmäßiges Gießen in den Sommermonaten schützt vor Trockenschäden.
Für eine Mischkultur eignen sich Gurken, Schwarzwurzeln, Tomaten, Zucchini und Zwiebeln.

▸ Schädlinge und Krankheiten

Befall von Läusen und Milben bei der Gewächshauskultur ist möglich. Übermäßige Feuchtigkeit und kühle Standorte rufen den Befall von Welkepilzen hervor.

▸ Ernte und Verwendung

Blätter und blühende Sprosse sind das Sammelgut. Als Gewürz verfeinert das Kraut Fleisch-, Nudel- und Pizzagerichte, Käse, Salate, Suppen und Tomatenspeisen. Medizinisch wirkt es appetitanregend, verdauungsfördernd, lindert Blähungen, Halsentzündungen und als Umschläge wirkt es bei eiternden und schlecht heilenden Wunden. Badezusätze wirken anregend und belebend.

Majoran

Origanum majorana

▸ Merkmale

Majoran hat seine Heimat in Vorderindien und wurde im Laufe der Zeit in Arabien, Ägypten und im südlichen Mittelmeerraum eingebürgert. Das bis 50 cm hohe Kraut hat einen stark verästelten Spross, dünne vierkantige Stängel und ganzrandige kreuzgegenständige Blätter. Im Hochsommer zwischen Juli und August bilden sich in den Blattachseln dichte Scheinähren aus einer Vielzahl weißer Blüten.

▸ Anbau und Pflege

Warme sonnige Standorte und ein drainierter fruchtbarer Boden versprechen die besten Kulturerfolge. Die kälteempfindliche Pflanze wird ab März in Töpfe im Frühbeet ausgesät. Nach dem letzten Frost sind sie im Abstand von ca. 15 cm ins Beet zu pflanzen. Freilandsaat ist nach der letzten Frostgefahr in Reihen möglich. Dünger- und Humusgaben im Frühjahr wirken günstig auf das Wachstum. Eine Kultur mit Möhren und Zwiebeln bietet sich an.

▸ Krankheiten

Übermäßiges Gießen fördert Bodenpilze und schadet der Pflanze.

▸ Ernte und Verwendung

Die Ernte erfolgt zum Blühbeginn. Das Kraut wird dabei über dem Boden abgeschnitten und an einem luftig schattigen Ort zum Trocknen aufgehängt. Die Wirkstoffe des Majorans, besonders die ätherischen Öle, wirken bei Verdauungsstörungen, Appetitlosigkeit, Blähungen und Durchfall. Das intensive Aroma macht das Kraut zu einem guten Würzmittel für Kartoffel-, Fleisch- und Gemüsespeisen.

Majoran

Anis

Anis

Pimpinella anisum

▸ Merkmale

Anis ist als einjähriges Kraut ein bekannter Vertreter der Doldenblütler. Der runde und bis zu 50 cm hohe Stängel wird aus einer spindelförmigen Wurzel getrieben. Die unteren Blätter sind gestielt, ungeteilt und am Rand gezähnt. Nach oben hin werden sie fiederteilig. Die 7- bis 15-strahligen Dolden bestehen aus weißen Einzelblüten, die von Juli–September erscheinen. Als Heimat des Anis ist der Orient bekannt.

▸ Anbau und Pflege

Sonnige, warme Standorte mit humosen wasserdurchlässigen Böden lassen die Pflanzen gedeihen. Die Reihenaussaat ist im Frühjahr ab April in Abständen von 20–30 cm vorzunehmen. Mischkultur ist nicht üblich, aber Radieschen können als Markiersaat mit ausgesät werden. Mulchen erhält die Bodenfeuchtigkeit und schützt vor Bodenaustrocknungen. Mäßige Dünger- und Humusgaben verbessern das Pflanzenwachstum.

▸ Ernte und Verwendung

Geerntet werden die rundlich-eiförmigen Früchte, wenn sie völlig ausgereift sind. Sie besitzen einen hohen Gehalt an ätherischen Ölen, die ihnen ein angenehmes Aroma verleihen. Diese Eigenschaft macht sie zu einem interessanten Gewürz, das Rot-, Sauer- und Weißkraut sowie Brot, Salate und Suppen bereichert. Anis ist zudem ein Mittel, das bei Blähungen, Husten, Magen- und Verdauungsbeschwerden gute Dienste leistet. Viele Kräuterliköre basieren auf Anis.

Portulak

Portulaca oleracea

▸ Merkmale

Die fleischigen und stark verzweigten Stängel der bis 40 cm hohen, einjährigen Pflanze liegen auf dem Boden. Die ebenfalls fleischigen Blätter sind im unteren Bereich gegenständig und im oberen Bereich wechselständig angeordnet. Sie sind verkehrt-eiförmig und besitzen eine abgerundete Spitze. Die gelben Blüten befinden sich oftmals in Büscheln in den oberen Blattachseln. Die ursprüngliche Heimat ist Asien, Portulak wird aber schon lange in Europa kultiviert.

▸ Anbau und Pflege

Sonnige Standorte und leichte Böden bieten gute Voraussetzungen für die Pflanzenentwicklung. Aufgrund höherer Temperaturbedürfnisse sollte die Aussaat erst im Mai erfolgen. Der Lichtkeimer ist nicht mit Erde abzudecken. Mehrere Folgesaaten sind möglich. Eine Kultur mit Zwiebel wird nicht empfohlen. In Trockenzeiten muss besonders auf ausreichende Wasserversorgung geachtet werden. Dünger- und Kompostgaben steigern die Ernteerträge.

▸ Ernte und Verwendung

Der gesamte krautige Spross kann von Frühjahr bis zum Sommer geerntet werden. Das frische Kraut besitzt einen sehr hohen Gehalt an Vitamin C und ist aus diesem Grund eine gesunde Zutat für Fleisch- und Gemüsegerichte, Rohkost, Salate und Suppen. Medizinisch wirkt die Pflanze durstlöschend, erfrischend, entzündungshemmend, harntreibend und reinigend. Breiumschläge helfen bei akuten Hautentzündungen.

Portulak

Garten-Bohnenkraut

Garten-Bohnenkraut

Satureja hortensis

Merkmale

Das Bohnenkraut ist eine einjährige Pflanze, die in Mitteleuropa an Feldern und trockenen Plätzen wächst. Die ca. 30 cm hohen Stängel sind stark verästelt und tragen aromatische kreuzgegenständige Blätter. Sie haben eine lanzettlich-linealische Form und die Oberfläche ist filzig behaart. Die rosa-weißen Blüten sind in Gruppen von bis zu sechs Stück in den Achseln angeordnet und von Juli–August sichtbar.

Anbau und Pflege

Sonnige und mäßig trockene Standorte sind optimal für die Pflanzenentwicklung. Zu säen ist das Kraut im Frühjahr in Reihen, jedoch ohne die Samen abzudecken (Lichtkeimer). Dünger- und Kompostgaben fördern das Wachstum. Wassermangel im Sommer ist durch Gießen zu beheben. Mischkultur mit Busch- und Stangenbohnen bietet sich an.

Ernte und Verwendung

Das frische Kraut lässt sich bis zum Winter, hauptsächlich jedoch während der Blüte, ernten. Frisch oder auch getrocknet wird es Bohnen-, Fleisch-, Gemüsespeisen und Eintöpfen zugegeben. Der Blättertee wirkt bei Blähungen, Krämpfen und Verdauungsstörungen. Mundspülungen lindern Halsschmerzen. Badezusätze wirken anregend und mindern Müdigkeit.

Kapuzinerkresse

Tropaeolum majus

Merkmale

Als Zierpflanze wurde das Kraut aus Peru nach Europa gebracht und ist seit Jahrzehnten ein fester Bestandteil von Balkonkästen und Blumenbeeten. Die runden schildförmigen Blätter werden bis zu 5 cm groß und sind ausgerandet. Die gelben oder orangeroten Blüten schmücken das 30 cm hohe Kraut von Mai bis in den Herbst hinein. Die Triebe können in einem Jahr bis zu 2 m wachsen.

Anbau und Pflege

Als Standort eignen sich sonnige Plätze mit humosen und leichten Böden, wobei eine ausreichende Wasserversorgung vorhanden sein sollte. Durch die höheren Temperaturansprüche ist die Horst- oder Reihenaussaat erst ab Mai möglich. Starke Düngungen sind aufgrund der bestehenden Wuchsfreudigkeit nicht zu empfehlen. In heißen Sommern ist auf eine ausreichende Wasserversorgung zu achten. Mischkultur mit Gurken, Kartoffeln, Kohl, Kohlrabi und Stangenbohnen ist möglich.

Schädlinge

Kapuzinerkresse ist anfällig für Blattlausbefall.

Ernte und Verwendung

Geerntet wird die ganze Pflanze zur Blütezeit und anschließend frisch verwendet. Das pfeffrig-scharfe Aroma würzt Brotbelag, Quark, Rohkost und Salat. Frühlingssalate mit Kapuzinerkresse wirken blutreinigend. Die Blüten sind essbare Garnierungen. In der Volksmedizin wird das Kraut zum Desinfizieren von Wunden, zur Behandlung von Harnwegsbeschwerden und Bronchitis verabreicht. Überdosierungen können zu Reizungen im Magen-Darmbereich führen.

Kapuzinerkresse

Frostempfindliche Kräuter

Aloe Vera

Aloe Vera/Echte Aloe

Aloe vera

▸ Merkmale

Die frostempfindliche Aloe stammt aus den tropischen Gebieten Afrikas. Auffallend sind ihre fleischigen graugrünen Blätter, die in einer Rosette angeordnet sind. Die Blattränder der bis zu 60 cm hohen Pflanze sind arttypisch gezähnt. Ab dem Sommer entwickeln sich in endständigen Trauben gelbe Röhrenblüten, die der Kübelpflanze einen hohen Zierwert verschaffen.

▸ Anbau und Pflege

Für die Aloe empfiehlt sich die Kultur als Kübelpflanze, die man kühl (5–10 °C) an einem hellen Standort überwintert. Ist kein Frost mehr zu erwarten, kann sie ins Freiland an einen sonnigen Platz gestellt oder auch ausgepflanzt werden. Als Substrat eignet sich eine durchlässige Mischung aus Kübelpflanzenerde und Tongranulat. An sehr hellen Fenstern ist sie auch als Zimmerpflanze geeignet. Die Aloe Vera reagiert empfindlich auf Staunässe und kann schnell zu faulen anfangen. Wassermangel dagegen äußert sich in einer leichten Rotfärbung der Blätter.

▸ Schädlinge

Warme Überwinterung mit feuchtem Klima fördert einen Befall von Schild- und Schmierläusen.

▸ Ernte und Verwendung

Der gelartige Saft, der aus den angeritzten Blättern austritt, hilft bei leichten Verbrennungen, wie z. B. Sonnenbrand, indem er die Haut kühlt und die Zellregeneration anregt. Zudem wirkt er positiv auf die Heilung von Wunden oder Dermatitis. Aloe findet man in vielen Kosmetikprodukten wieder.

Zitronenstrauch

Zitronenverbene/ Zitronenstrauch

Aloysia triphylla

▸ Merkmale

Die aus Südamerika stammende Zitronenverbene ist eine stark aromatische Pflanze für Balkone und Terrassen. Aus den lanzettlichen Blättern des strauchartig wachsenden Gehölzes strömt ein intensives Zitronenaroma, das besonders bei Taubildung und Windbewegung bemerkbar ist. Im Sommer entwickeln sich lockere Rispen, die aus einer Vielzahl weißer bis blassvioletter Blüten bestehen. Am Naturstandort kann sie bis 3 m groß werden, in der Kübelkultur wird sie gewöhnlich nur halb so groß.

▸ Anbau und Pflege

Der Strauch ist in unseren Breiten nicht frosthart und sollte daher als Kübelpflanze gehalten werden. Er benötigt während des Sommers einen sonnigen Stand und gibt sich mit gewöhnlicher Kübelpflanzenerde zufrieden. Bei Bedarf lässt es sich gut über Stecklinge vermehren. Während des Winters verliert der Strauch die Blätter, sodass die Überwinterung auch an weniger hellen Orten stattfinden kann. Während dieser Zeit kann die Pflanze kein Wasser verarbeiten und man sollte die Wassergaben auf ein Minimum beschränken. Gelegentliche Rückschnitte fördern einen buschigen Wuchs.

▸ Ernte und Verwendung

Das herrliche Zitronenaroma lässt sich zum Backen, Kochen oder zur Teezubereitung verwenden. Letzteres lindert Husten, Verdauungsstörungen und Übelkeit. Blätteraufgüsse wirken bei geschwollenen Augen. Geerntet werden Blätter oder besser ganze Triebe, da man so den Neutrieb und die Bildung von Verzweigungen anregt.

Balsamstrauch

Cedronella canariensis

Merkmale

Diese Pflanze aus der Familie der Taubnesselgewächse stammt von sonnigen Felshängen der Kanarischen Inseln. Markant an dem ausdauernden Balsamstrauch sind die wechselständigen, dreifingrigen Blätter, die bei jeder Berührung einen zederartigen Duft verbreiten. Der aufrechte, bis zu 1,20 m hohe Spross trägt im Hochsommer weiße bis fliederfarbene Blütenwirtel, die bis zu 2 cm groß werden können.

Anbau und Pflege

Bedingt durch seine mediterrane Heimat, ist der Balsamstrauch in unseren Regionen nicht frosthart. Aus diesem Grund ist die Verwendung als Kübelpflanze empfehlenswert. Als Standplatz benötigt der Balsamstrauch sonnige Lagen und wasserdurchlässige Kübelpflanzenerde. Um Nährstoffmangel zu vermeiden, sind gelegentliche Düngergaben von Frühjahr bis Herbst nötig. Während des Winters sollte er an einem 5 °C kühlen und hellen Platz überwintert werden. Vor dem Winter ist ein leichter Rückschnitt notwendig.

Schädlinge

Eine zu warme Überwinterung kann zu einem Befall mit Weißer Fliege und Spinnmilben führen.

Balsamstrauch

Ernte und Verwendung

In der Regel verwendet man nur die aromatischen Blätter des Balsamstrauches. Ihr einzigartiges Aroma bereichert Duftkissen und Potpourris. Kräutertees erhalten durch die Beigabe dieses Krautes einen würzigen Unterton. Durch den intensiven Duft wird der Balsamstrauch gern als Zimmerpflanze bzw. in Wintergärten gezogen.

Zitronengras

Cymbopogon citratus

Merkmale

Die Naturstandorte des Zitronengrases findet man in Indien und Sri Lanka. Die aromatischen Gräser werden bis 1,50 m hoch und bilden dichte Büsche. Die Sprosse des ausdauernden Krautes sind hohl und rohrartig. Die blass blaugrünen Blätter werden bis zu 90 cm lang, haben einen rauen Rand und duften intensiv nach Zitrone. Ab dem Spätsommer entstehen lockere verzweigte Blütenrispen, die jedoch in unserem Klima nur spärlich erscheinen.

Anbau und Pflege

Das frostempfindliche Kraut eignet sich vorrangig als Kübelpflanze. Für ein optimales Wachstum sind sonnige Standorte notwendig. Eine ausreichende Nährstoff- und Wasserversorgung, insbesondere während der Sommermonate muss gewährleistet sein. Regelmäßige Rückschnitte fördern ein buschiges Wachstum durch die Bildung von Neutrieben. Die Überwinterung sollte an einem hellen Platz bei mindestens 10 °C stattfinden.

Ernte und Verwendung

Geerntet werden die Blätter und die jungen Sprosse, die sowohl frisch als auch getrocknet verwendet werden können. Als Bestandteil vieler asiatischer und orientalischer Speisen und Tees ist das grasige Gewürz bekannt. Der Blättertee wirkt bei Durchfall, Kopf- und Magenschmerzen, Fieber und Grippe. Das aus den Blättern gewonnene ätherische Öl findet man auch in Kosmetikprodukten wieder.

Zitronengras

Lorbeer

Lorbeer

Laurus nobilis

Merkmale

Der Lorbeer ist von Kleinasien bis nach Südeuropa beheimatet, wo er durch einen stattlichen Baum- oder Strauchwuchs auffällt und bis zu 100 Jahre alt werden kann. In unseren Breiten ist das immergrüne mehrjährige Gehölz nicht frosthart. Die ledrigen Blätter der zweihäusigen Pflanze sind eiförmig und wechselständig angeordnet. Den ab Mai erscheinenden gelblich weißen Blüten folgen im Sommer schwarze Beeren.

Anbau und Pflege

Die fehlende Frosthärte macht den Lorbeer in unseren Breiten zu einer Kübelpflanze, die vollsonnige Standorte benötigt. Im Sommer ist auf ausreichend Bodenfeuchtigkeit zu achten. Die Vermehrung gelingt am besten durch Stecklinge im späten Frühjahr. Düngergaben im Frühjahr fördern die Pflanzenentwicklung. Im Winter ist die Pflanze frostfrei zu überwintern und sämtliche Wassergaben sind auf ein Minimum zu reduzieren. Formbäume sollte man ein- bis zweimal pro Jahr beschneiden.

Ernte und Verwendung

Die Blätter können ganzjährig geerntet werden. Sie werden entweder frisch oder getrocknet für Fleisch- und Fischgerichte, Marinaden, Suppen oder Soßen verwendet. Die Inhaltsstoffe, u. a. ätherische Öle und Bitterstoffe, wirken appetitanregend und verdauungsfördernd. Äußerlich wird Lorbeer angewendet, um die Durchblutung zu fördern. Salben mit Lorbeeröl werden bei Geschwüren, Hautausschlägen, Muskelschmerzen und zur Massage eingesetzt.

Rosmarin

Rosmarinus officinalis

Merkmale

Rosmarin ist ein Würzkraut, das bereits in der Antike einen hohen Stellenwert besaß. Das Halbgehölz stammt aus dem mediterranen Raum. Der strauchartige Spross wird bis zu 1,50 m hoch. Die an der Basis verholzenden Stängel tragen dunkelgrüne linealische Blätter, die am Rand umgeschlagen sind. Die Blattoberfläche wirkt leicht glänzend und die Unterseite ist filzig behaart. Die hellblauen Blüten sind in Scheinquirlen angeordnet und erscheinen von März–Juli.

Anbau und Pflege

Der frostempfindliche Strauch

Rosmarin

Rosmarin-Arten

Deutscher Name	Botanischer Name	Besonderheit
Hängender Rosmarin	*Rosmarinus lavandulaceus*	*hängender Wuchs*
Rosa blühender Rosmarin	*Rosmarinus officinalis 'Majorca Pink'*	*zartrosa Blüten*
Rosmarin 'Arp'	*Rosmarinus officinalis 'Arp'*	*frostresistente Züchtung*
Weißblühender Rosmarin	*Rosmarinus officinalis 'Album'*	*weiße Blüten*

benötigt sonnige Standorte mit gut wasserdurchlässigem Boden. Samen sind im Frühjahr ab April in Töpfe auszusäen. Effektive Vermehrung ist durch Stecklinge im Frühsommer möglich. Düngergaben durch Jauchen oder Komposten fördern die Pflanzenentwicklung. In unseren Breiten ist das Kraut frostempfindlich, sodass eine Überwinterung an einem kühlen hellen Platz bei 5 °C nötig ist.

▸ **Ernte und Verwendung**
Die Blätter sind vor der Blüte zu ernten und schonend zu trocknen. Das Kraut ist ein delikates Küchengewürz, das Fisch-, Fleisch-, Gemüse- und Pilzspeisen, Suppen und Soßen aromatisiert und nur sparsam verwendet werden sollte. Tee lindert Appetitlosigkeit, Blähungen, Galle- und Leberleiden, Krämpfe und Rheuma. Nicht während der Schwangerschaft. Badezusätze regen den Kreislauf an und wirken durchblutungsfördernd.

Asiatische Minze

Asiatische Kräuter

In Asien liegt die ursprüngliche Heimat der Kräuter. Von dort aus gelangten Heil- und Würzkräuter nach Europa. Die alte chinesische Kultur befasste sich schon vor mehreren Jahrtausenden mit den Heilkräften der Kräuter, die sich als eigene Heilmethode bis heute gehalten hat. Unter den typischen chinesischen Heilkräutern sind eine ganze Reihe von Pflanzen, die heute wegen ihres Zierwertes im Garten geschätzt werden. Teilweise rufen diese Pflanzen bei falscher Dosierung Allergien oder Gegenanzeigen hervor, sodass bei längerer Anwendung ein chinesischer Arzt hinzugezogen werden sollte. Die Kräuter sind nur über Spezialgärtnereien zu beziehen.

Chinesische Heilkräuter

Name	Botanischer Name	Wirkung und Verwendung
Dan Shen	*Salvia miltiorrhiza*	*fördert die Blutzirkulation, lindert Menstruationsbeschwerden, Herzleiden und Schlaflosigkeit*
Dang Shen	*Codonopsis pilosula*	*wirkt appetitfördernd, gegen Blutarmut und Gliederschwäche, herz- und lungenstärkend*
Hu Jiao	*Piper nigrum*	*Samen als Würzmittel, hilft bei Magen-Darmbeschwerden*
Hu Lu Ba	*Trigonella foenum-graecumx*	*hilft bei Blasen- und Nierenkrankheiten*
Ju Hua	*Chrysanthemum morifolium*	*hilft bei Erkältungen, Fieber, Kopfschmerzen, geröteten Augen*
Ren Shen	*Panax ginseng*	*wirkt appetitfördernd, herz- und kreislaufstärkend, hilft bei Erkältungen und Schlaflosigkeit*
Sheng Jiang	*Zingiber officinale*	*wirkt schweißtreibend, hilft bei Erkältungen, Magen-Darm-beschwerden*
Shu Di Huang	*Rehmannia glutinosa*	*regt die Blutbildung an, hilft bei Hitzewallungen, trockener Haut, Herzstörungen*
Shungi Ku	*Chrysanthemum coronarium*	*verdauungsfördernd, gutes Würzkraut mit Petersilienaroma für Salate und Rohkost*
Yu Zhu	*Polygonatum odoratum*	*wirkt bei Erkältungen gegen trockenen Husten*
Zi Gan Cao	*Glycyrrhiza glabra*	*wirkt herz- und milzstärkend, hilft bei Erkältungskrankheiten*

Dan Shen, Chinesischer Salbei

Indianische Kräuter

Unabhängig von der chinesischen Kultur entwickelten die Ureinwohner Amerikas ihre eigene Heilpraktiken. Sie bestanden zu einem großen Teil aus Räucherzeremonien, die bei Schamanen sehr beliebt waren. Einige uns vertraute Kräuter waren wichtige Bestandteile bei indianischen Heilungen.

Indianische Heilkräuter

Name	Botanischer Name	Bemerkung
Amerikanischer Ginseng	*Panax quinquerfolius*	*beliebt wegen seiner Heilkraft bei Magen-Darmbeschwerden, Herzleiden und Schlaflosigkeit*
Ayahuasca	*Banisteriopsis caapi*	*heiliges Kraut zur Krankheitsheilung und hellseherischen Trancen*
Goldkelch	*Solandra brevicalyx*	*Blüten wurden zur Parfümierung verwendet*
Lattich	*Latuca virosa*	*getrockneter Pflanzensaft wurde in der Pfeife geraucht*
Moxakraut	*Artemisia douglasiana*	*getrocknete Stängel für Räucherzeremonien*
Stachelmohn	*Argemone mexicana*	*häufig verwendetes Heilkraut der Maya und Azteken*

Aphrodisiaka

Ein Randgebiet der Kräuterkunde beschäftigt sich mit psychoaktiven Pflanzen, die eine aphrodisierende Wirkung besitzen. Eine regelrechte Mythologie ist um die Pflanzen entstanden, die zu einer Sinnesberauschung führen. Die Gefahr bei diesen Pflanzen ist, dass sie Giftstoffe, beispielsweise Alkaloide, besitzen. Werden die Kräuter falsch dosiert, kann es zu Allergien oder sogar zu Vergiftungen kommen. Jedoch gelten auch einige unserer Küchenkräuter als Aphrodisiaka.

Kräuter als Aphrodisiaka

Name	Verwendung	Bemerkung
Basilikum	*Gewürz und Räucherpflanze*	*anregend*
Eisenkraut	*Heil- und Zauberpflanze*	*kräftigend*
Ingwer	*Gewürz- und Heilpflanze*	*anregend*
Koriander	*Gewürz- und Heilpflanze*	*anregend*
Liebstöckel	*Gewürz- und Heilpflanze*	*anregend*
Meerrettich	*Nahrungs- und Würzmittel*	*anregend*
Meerträubel	*alte Naturheilpflanze*	*stark anregend*
Muskatellersalbei	*Aromapflanze*	*erotisierend*
Pfeffer	*Gewürzmittel*	*anregend*
Rosmarin	*Gewürz- und Heilpflanze*	*erotisierend*
Schafgarbe	*Gewürz- und Heilpflanze*	*anregend*
Wermut	*Gewürz- und Heilpflanze*	*leicht berauschend*

Shungi Ku

Jahresarbeitskalender

Januar, Februar

▸ Vorbereitungen fürs Kräuterjahr

Bereits in den Wintermonaten kann man mit den ersten Planungen für das kommende Kräuterjahr beginnen. Pflanzen- und Samenbestellungen für neue Kräuterbeete sind anzufertigen. Weiterhin können in der freien Arbeitszeit Etiketten und Schilder ausgebessert oder neue hergestellt werden. Kaputte Arbeitsgeräte sollten jetzt repariert werden. Als Winterarbeit kann man sich auch die Herstellung von Keramik- oder Tonschildern vornehmen.
Bei einer geplanten Neuanlage sollte eine Skizze gezeichnet werden, auf der die Gestaltung festgehalten wird. Bei frostfreiem Wetter können die ersten Bodenproben entnommen werden, die Aufschluss über die Standortbedingungen und die Nährstoffreserven des Bodens geben.

***Ende Februar** kann mit den ersten Aussaaten im Gewächshaus oder auf der Fensterbank begonnen werden.*

***Im Winter ist die beste Zeit**, um Gartengeräte auf Vordermann zu bringen und wenn nötig zu reparieren.*

▸ Pflanz- und Pflegearbeiten

Jetzt sollte man auch Keimproben von überlagertem Saatgut vornehmen. Für Sprossen lassen sich die ersten Samen am Fensterbrett aussäen.
Kübelpflanzen sind stetig zu überprüfen, ob ihre Wasserversorgung stimmt und die Pflanzen gesund sind. Bei festgestelltem Schädlingsbefall, beispielsweise durch Blatt- und Schildläuse, Milben oder Thripse sind die befallenen Pflanzenteile sofort zu entfernen. Besonders in stickigen Räumen mit mangelnder Luftumwälzung wird der Schädlingsbefall gefördert, sodass auf ausreichende Lüftung geachtet werden sollte. Beginnen die ersten Pflanzen zu treiben, sollten sie an einen möglichst hellen Standort gestellt werden. In den Garten sollten Nistkästen angebracht und Vogelfutter ausgelegt werden.
Soll eine Kräuterspirale errichtet werden, kann bereits der Roh- und Unterbau angelegt werden. Steine sind in der entsprechenden Gestaltung anzuordnen und ein kleiner Teich am Fuß auszugraben. Der Grundaufbau für Kräuter- und Hochbeete kann bei frostfreiem Wetter erfolgen. Die Beete können mit Gartenschnüren abgesteckt und durch Einfassungen begrenzt werden. Bei milden Temperaturen lassen sich Folien und Vliese zur Ernteverfrühung auflegen. Sind die Temperaturen im Februar schon so hoch, dass die Kräuter im Garten treiben, sind die Reisigabdeckungen zu entfernen.
Die Pflanzen treiben dann langsamer und sind dadurch für Spätfröste unempfindlicher. Folgen dennoch stärkere Fröste, sind die Pflanzen erneut abzudecken.

Die ersten Aussaaten

Mit zunehmender Sonnenstrahlung lassen sich die ersten Pflanzen aussäen. Die Samen werden in Kisten oder Töpfe ausgebracht, die mit Aussaaterde oder einem Torf-Sand-Gemisch gefüllt sind. Bei einer Temperatur zwischen 15 und 20 °C werden sie auf die Fensterbank, ins Gewächshaus oder den Wintergarten gestellt. Auf die Aussaat wärmeliebender Pflanzen, wie zum Beispiel Basilikum, ist aufgrund der geringen Lichtverhältnisse noch zu verzichten.

März

Erste Gartenarbeiten

Mit den steigenden Temperaturen treiben die ersten Pflanzentriebe aus der Erde. Damit sich das zarte Grün entwickeln kann, muss die winterschützende Reisigabdeckung entfernt werden. Mulchmaterialien sollten ebenso entfernt werden, um die Bodenerwärmung nicht zu behindern. Die vom Vorjahr abgestorbenen Pflanzenteile sind zu entfernen und auf dem Kompost zu entsorgen. Nachdem der Boden bereits im Herbst des Vorjahres umgegraben oder tiefengelockert wurde, kann der abgesetzte Boden gegrubbert, eingeebnet und gekrümelt werden. Zur Bodenverbesserung kann Humus oder Kompost in einer dünnen Schicht auf das Beet aufgebracht und anschließend eingearbeitet werden. Bei schweren Böden sollte Sand eingearbeitet werden, um den Boden vor Übernässung zu schützen. Vorbereitete Kräuterbeete oder Kräuterspiralen sind mit Boden aufzufüllen, der schon etwas abgetrocknet ist. Gartenwege sind mit neuem Holzhäcksel oder Rindenmulch auszubessern. Abgerutschte Einfassungen sind wieder neu auszurichten. Kräuterhecken können jetzt, wenn noch nicht im Herbst geschehen, zurückgeschnitten werden.

Aussaat und Pflanzung

Für die Aussaat benötigte Bodenmischungen aus Sand und Torf sind anzufertigen und in Kisten oder Töpfe zu füllen. Kräuterkulturen, insbesondere einjährige Kräuter, wie zum Beispiel Anis, Basilikum oder Majoran, müssen in der geschützten Vorkultur ausgesät werden. Für eine erfolgreiche Keimung ist auf ausreichende Bodenfeuchtigkeit und genügend Licht zu achten. Ausdauernde Kräuter lassen sich bereits ins Freiland setzen. Diese Kräuter sollten keinesfalls vorgetrieben sein, da es bei möglichen Spätfrösten zu Erfrierungen kommen kann. Gepflanzt werden sie nach den Angaben des vorbereiteten Gartenplans.

Frühe Aussaaten im Freiland sollten durch Folie und Vliese geschützt werden. Borretsch, Löffelkraut und Petersilie lassen sich ab einer Bodentemperatur von ca. 5 °C aussäen. In das vorbereitete Beet werden Reihen gezogen und die Samen in entsprechenden Abständen ausgelegt. Jetzt ist auch die beste Zeit, um Knoblauch zu pflanzen. Wurzelkräuter, wie Alant oder Meerrettich, müssen schnellstens geerntet werden, bevor sie wieder austreiben.

***Im März** steht das Umgraben des Gartenbodens auf dem Programm. Ist dies bereits im Herbst geschehen, muss der Boden jetzt lediglich gegrubbert und eingeebnet werden.*

April

Pflanzung und Pflege

Ist keine Frostgefahr mehr zu befürchten, können die eingewinterten Kübelpflanzen ins Freiland auf Balkon oder Terrasse gestellt werden. Der ausgelaugte Boden kann durch Umtopfen wieder aufgebessert werden, indem die Pflanze ausgetopft und der Topfballen etwas abgekrümelt wird. Dabei sind Wurzelschäden zu vermeiden. Der verkleinerte Wurzelballen wird in das gesäuberte oder in ein neues Gefäß umgesetzt und mit neuem Substrat wieder aufgefüllt. Bei erneuter Frostgefahr sind die Pflanzen jedoch nochmals ins Haus zu holen. Neu angelegte Kräuterbeete können nach der feinen Bodenbearbeitungen bepflanzt werden. Erste Schädlinge, zum Beispiel Nacktschnecken in der geschützten Kultur, sind abzulesen bzw. biologisch zu bekämpfen. Sollen die Beete erst zu einem späteren Zeitpunkt bepflanzt werden, schützt eine Gründüngung vor Austrocknung, ungewollter Verunkrautung und aktiviert das Bodenleben. Die Samen der Gründüngung werden breitwürfig auf dem Beet ausgebracht. Erstes Unkraut ist rechtzeitig zu entfernen, um eine ungewollte Samenreife zu vermeiden.

***Bei sonnigem Wetter** sollte das Frühbeet unbedingt gelüftet werden.*

***Spätestens im Mai** wird es Zeit, die Kräuterbeete zu bepflanzen.*

Aussaat und Vermehrung

Ein- und zweijährige Kräuter können in Reihen auf das vorbereitete Kräuterbeet ausgesät werden. Flachabdeckungen mit Lochfolie oder Vliesen geben einen sicheren Schutz bei noch vorhandener Frostgefahr und erhöhen den Keimerfolg durch Erwärmung des Bodens. Ausdauernde und unempfindliche Kräuter, zum Beispiel Bohnenkraut, Estragon, Melisse oder Oregano, können direkt ins Freiland gesät werden. Bei ausläufertreibenden Kräutern, beispielsweise Minze, können die Wurzelstöcke vorsichtig geteilt werden. Die Teilung bietet sich auch bei anderen ausdauernden Kräutern an, die bereits große Büsche gebildet haben und verjüngt werden müssen. Höchste Zeit wird es für die Teilung von Wurzelkräutern. Die geteilten Wurzelstücke werden an neuen Plätzen in gleicher Tiefe eingesetzt.

Mai

Pflanzung und Pflege

Nach den Eisheiligen können die Kübelpflanzen endgültig ins Freie. Bei trockenem Wetter ist auf ausreichende Wasserversorgung zu achten. Um die Pflanzenentwicklung zu fördern, kann mit stickstoffbetonten Düngern gedüngt werden. Bei neuen Kräuterbeeten wird es Zeit, sie entsprechend zu bepflanzen. Spätere Pflanzungen sind zwar auch möglich, können jedoch bei Trockenperioden zu verstärktem Pflegeaufwand durch notwendiges Wässern führen. Keimende Unkräuter sind regelmäßig zu entfernen. Der Boden ist ausreichend erwärmt, sodass ein Sommermulch aufgebracht werden kann. Als Materialien eignen sich am besten Holzhäcksel oder leicht verrottete Rindenprodukte, die ca. 2 bis 5 cm dick auf die Bodenoberfläche aufgetragen werden. Sie halten am besten die Bodenfeuchtigkeit und schützen vor erneutem Unkrautwuchs. Kräuter können in Reihen zwischen Gemüsekulturen gesät werden, damit eine Mischkultur zustande kommt. Auch wärmeliebende Kräuter, wie zum Beispiel Basilikum, werden jetzt ins Freiland gesät. Bei Auftauchen der ersten Schädlinge können Brühen und Jauchen angefertigt werden, die zum biologischen Pflanzenschutz gehören. Große Wegschnecken sind durch Bierfallen oder regelmäßiges Absammeln aus dem Kräutergarten zu entfernen.

Ernte und Vermehrung

Ausdauernde Kräuter, beispielsweise Estragon, Guter Heinrich, Löffelkraut oder Sauerampfer, liefern bereits genügend Frischgrün für würzige Frühlingssalate. Blätter des Waldmeisters werden für Maibowle geschnitten. Die ersten Minzesprosse lassen sich für Kräutertees ernten. Verholzende Kräuter können durch Absenker vermehrt werden. Die Triebe sind jetzt genügend ausgereift, dass sie mit Drähten oder Kunststoffhaken am Boden befestigt werden können.

***Der bereits angelegte Unterbau** der Kräuterspirale kann im März oder April mit Boden aufgefüllt werden …*

… und anschließend – wenn mit keinen Frösten mehr zu rechnen ist – bepflanzt werden.

Juni

▸ Pflanzenschutz und Pflege

Kräuter wie Brennnessel, Beinwell oder Schachtelhalm haben genügend Wirkstoffe für Brühen und Jauchen. Am wirksamsten sind sie, wenn sie jetzt angesetzt werden. Zur weiteren Vorbeugung von Schädlingen können Nützlinge angesiedelt oder Schädlingsfallen errichtet werden.

Kübel- oder Topfkräuter sind mit organischen Düngern zu ernähren. Kopfdüngung sollten nur in den Morgenstunden angewendet werden, damit durch intensive Sonnenstrahlung keine Verbrennungen auf den Blättern entstehen. Nach der Düngung auf ausreichende Wasserversorgung achten, damit der Dünger auch seine Wirkung erzielt.

Von Blattkräutern sind die Blütenstände auszubrechen oder wegzuschneiden, um das Blattwachstum anzuregen. Meerrettich wird aufgegraben und die seitlichen Wurzeln werden vorsichtig abgerieben. Dadurch fördert man die Bildung kräftiger Meerrettichwurzeln. Durch regelmäßiges Aufhacken der obersten Bodenschichten (2 bis 3 cm) reduziert man die Bodenverdunstung und das Auflaufen einjähriger Kräuter. Bodenaustrocknungen sind während Trockenperioden durch häufiges Gießen zu vermeiden.

Besonders wichtig: *neu angelegte Kräuterbeete dürfen nicht austrocknen.*

▸ Ernte und Vermehrung

Die ersten Blatt- und Blütendrogen können geerntet werden. Sie werden entweder frisch oder getrocknet zu Kräutertees verarbeitet. Die Blüten von Johanniskraut und anderen Kräutern werden nach der Ernte in Kisten oder Sieben an einem luftigen Platz getrocknet. Erntereste, wie Blätter oder Stiele, werden kurzgeschnitten und anschließend auf den Kompost geben. Sie sind ein gutes Material für die Kompostierung. Einjährige Kräuter können nach der Ernte durch Nachsäen ersetzt werden.

Im Sommer *erfreuen uns Lavendel und Thymian mit ihren Blüten.*

Im Hochsommer *können die Blüten der Ringelblume geerntet werden.*

Juli, August

Pflegearbeiten im Sommer

Zu den wichtigsten Pflegearbeiten in den Sommermonaten gehört das Gießen. Durch Aufbringen einer Mulchschicht kann die Bodenfeuchtigkeit erhalten werden. Während des Sommers können auch Grashäcksel, die beim Rasenmähen anfallen, zum Mulchen verwendet werden. Sehr feuchter Grasmulch kann jedoch den Luftaustausch behindern und Fäulnis hervorrufen, sodass regelmäßige Lüftung notwendig wird. Beim Gießen sollte immer eine Brause verwendet werden, da sich sonst die Bodenoberfläche verkrustet und kein Luftwechsel mehr stattfinden kann.
Besonders bei stark wachsenden Kräutern können sich die Blätter im unteren Bereich gelb färben und die Pflanzen kümmerlich erscheinen. Ein Stickstoffmangel ist die wahrscheinlichste Ursache und lässt sich durch gezielte Düngung beseitigen. Tritt Mehltau oder Rost an den Pflanzen auf, sorgt ein kräftiger Rückschnitt für entsprechende Abhilfe. Der befallene Spross wird nicht auf dem Kompost, sondern in der Mülltonne entsorgt, um eine weitere Verbreitung zu verhindern.
Werden am Ende des Sommers nahezu alle einjährigen Kräuter geerntet und soll das Beet nicht mehr genutzt werden, empfiehlt sich eine Gründüngung mit Phazelia, Senf oder bestimmten Gemüsearten (zum Beispiel Erbsen): Im Gartenfachhandel gibt es verschiedene Gründungsmischungen.
Kübelkräuter sind besonders zu berücksichtigen, da sie durch ihre Topfkultur mehr Pflegeaufwand hervorrufen. Regelmäßiges Gießen ist unverzichtbar, lässt sich jedoch durch Installation einer automatischen Bewässerung erleichtern.

***Um Schädlingen**, wie zum Beispiel Blattläusen, vorzubeugen, sollten die Pflanzen mit Brühen oder Jauchen gestärkt werden.*

***Kräuter in Terracotta-Töpfen** sorgen auf Balkon und Terrasse für mediterranes Ambiente.*

Ernte und Aufbereitung

Da während der Sommerzeit die Wirkstoffgehalte in den Pflanzen am höchsten sind, wird die Haupternte auf diesen Zeitraum gelegt. Samen von doldenblütigen Kräutern werden bei sonnig-warmem Wetter geerntet und in luftigen Stoffsäckchen aufbewahrt. Kraut und Spross werden über dem Boden abgeschnitten und kopfüber an einem schattigen Ort zum Trocknen aufgehängt. Behindert feuchtes Wetter die Trocknung, kann mit dem Backofen nachgeholfen werden.
Sehr gute Aromen besitzen Blütenkräuter, die später für Duftöle, Duftkissen oder Potpourris verwendet werden. Blüten von Eibisch, Königskerze oder Wegwarte sind regelmäßig abzupflücken und in Kisten oder Sieben zu trocknen. Frische Kräuter lassen sich auch durch Einfrieren, Einsalzen oder Einlegen in Öl oder Essig konservieren.

September

***Wurde der Lavendel im Sommer geerntet** und getrocknet, ist sein Aroma auch im Herbst in Duftkissen, Potpourris oder Kräutersträußen zu genießen.*

▸ Ernte und Konservierung

Die letzten Blatt- und Blütenkräuter werden geerntet und anschließend an einem schattig-luftigen Ort getrocknet. Nach der Trocknung werden sie entweder in Gläser zur Aufbewahrung gefüllt oder gleich konserviert. Erntereste sind auf dem Kompost zu entsorgen. Frischkräuter können in Öl oder Essig konserviert, im Tiefkühlschrank eingefroren oder eingesalzen werden. Als Kapernersatz können die Knospen und grünen Samenstände von Kapuzinerkresse verwendet und sauer eingelegt werden.

▸ Pflege und Herbstpflanzung

Erste kühle Regenfälle können empfindlichen oder wärmeliebenden Kräutern, beispielsweise Basilikum oder Majoran, schaden. Eine Bedeckung mit einem Folientunnel schützt vor kalten Regengüssen und wärmt zudem den Boden. Alternativ kann auch mit Flachabdeckungen mittels Vliesen gearbeitet werden. Aufgrund stärkerer Winde sind Flachabdeckungen am Rande einzugraben oder mit Sandsäcken zu beschweren, sodass es zu keinem Wegfliegen kommt. Bei feuchtwarmen Wetterlagen unbedingt lüften, um einem möglichen Schädlingsbefall durch Läuse oder Pilze vorzubeugen.

Als Überwinterungskultur werden Knoblauchzehen in Reihen mit Abständen von ca. 20 cm in die Kräuterbeete gesteckt. Ausgleichs- oder Erweiterungspflanzungen von ausdauernden Kräutern können vorgenommen werden. Dabei abgestorbene Pflanzen entfernen und auf dem Kompost entsorgen. Die ersten Pflanzen können für die Winterkultur vorbereitet werden. Basilikum, Dill, Kerbel oder Petersilie werden aus dem Garten in Töpfe umgepflanzt und gegebenenfalls zurückgeschnitten. Je nach Witterung verbleiben sie jedoch noch einige Wochen im Kräutergarten. Vollkommen geerntete Beete sind entweder von Ernterückständen zu befreien oder diese sind einzuarbeiten. Eine Gründüngungssaat verhindert, dass die Nährstoffe über den Winter ausgespült werden.

***Im Herbst** steht die Ernte der letzten Blatt- und Blütenkräuter an.*

Oktober

Letzte Erntearbeiten

Blätter, Blüten und Sprosse lassen sich nur noch bei Pflanzen im geschützten Anbau ernten. Nachdem alle oberirdischen Pflanzenteile abgestorben sind, können auch die ersten Wurzelkräuter geerntet werden. Dazu werden die Wurzelstöcke ausgegraben und gerodet. Nach der Säuberung werden sie im Backofen getrocknet und anschließend luftdicht in Glas- oder Keramikgefäßen verschlossen.

Herbst- und Pflegearbeiten

Bevor der erste Frost kälteempfindliche Kräuter überrascht, müssen sie für die Überwinterung vorbereitet werden. Ins Beet eingepflanzte Kräuter werden ausgegraben und in ausreichend große Kübel eingepflanzt. Die Kübelgröße ist so auszuwählen, dass sie sich auch transportieren lassen. Große Pflanzen, wie zum Beispiel Lorbeer, Rosmarin oder Zitronenverbene, sind zurückzuschneiden. Die abgeschnittenen Zweige werden zerkleinert und auf dem Kompost entsorgt. Zwar können die Kübelpflanzen bis kurz vor dem ersten Frost im Freiland verbleiben, jedoch darf man sie nicht vergessen, falls Frostgefahr angesagt ist. Neuanlagen können mit ausdauernden Kräutern bepflanzt werden. Sie sollten den ersten Winter mit Reisig abgedeckt werden. Dadurch vermindert man die Gefahr von Rückfrierungen und die Pflanzen können sich im Frühjahr schneller entwickeln. Polster bildende Kräuter lassen sich teilen und an neuer Stelle wieder einpflanzen.
Zu verjüngen sind auch die Kräuter mit großen Wurzelstöcken, wie zum Beispiel Alant, Beinwell, Eibisch oder Liebstöckel. Wenn alle oberirdischen Pflanzenteile abgestorben sind, werden die Wurzeln ausgegraben, vorsichtig mit einem Messer geteilt und an neuer Stelle eingepflanzt.

Frostempfindliche Topfkräuter *müssen vor dem ersten Frost nach drinnen geräumt werden.*

November, Dezember

***Eingelegte Kräuter** kann man auch im Winter genießen.*

▸ Vorbereitung für den Winter

Mit den sinkenden Temperaturen schließt die Vegetation im Kräutergarten ab. Die meisten Kräuter sind zwar frosthart, dennoch schadet eine schützende Abdeckung durch Reisig oder trockenes Laub keinesfalls. Die Bodentemperatur bleibt länger erhalten und die Wurzeln der Kräuter werden durch die isolierende Luftschicht nicht durchgefroren. Bei Verwendung von trockenem Laub ist eine Folie über die Schutzdecke zu ziehen, um sie vor Winternässe zu schützen.

Fehlt die Folie, kommt es an den Pflanzen schnell zur Fäulnis, da keine Luft an die Bodenoberfläche gelangt und diese bei Nässe nicht trocknen kann.

Kübel mit Brühen und Jauchen sind zu entleeren, da sie bei Frost auseinander brechen könnten. Wasserleitungen und -schläuche sind ebenso zu entleeren und wenn möglich an einer trockenen Stelle zu lagern.

Schattierungen sollten aus dem Gewächshaus entfernt werden, um eine möglichst hohe Lichtausbeute zu erreichen.

Kübelpflanzen müssen endgültig ins Winterquartier gebracht werden. Im Kräuterbeet können die abgestorbenen Pflanzenteile zurückgeschnitten werden. Besser ist es, wenn der Rückschnitt erst im Frühjahr erfolgt, um vielen Kleintieren noch Nahrung anbieten zu können.

Grobe Bodenbearbeitung, wie zum Beispiel Tiefenlockerung oder Umgraben, sollte noch vor dem Frost vorgenommen werden.

▸ Ernte und Winterkultur

Im Freiland lassen sich immer noch Wurzelkräuter ernten und aufbereiten. Kräuter in der geschützten Kultur können ebenfalls noch geerntet werden.

Mit regelmäßigen Aussaaten für Keimsprossen kann auf dem Fensterbrett begonnen werden.

***Schnittlauchtreiberei:** Kräftige ausgegrabene Schnittlauchpflanzen lässt man draußen durchfrieren. Anschließend topft man sie ein und treibt sie auf der Fensterbank bei 18 bis 20 °C an.*

Adressen

Eine optimale Informationsquelle in allen Pflanzenangelegenheiten bietet Ihnen das Gartenforum der Zeitschrift MEIN SCHÖNER GARTEN: http://mein-schoener-garten.de

Vereine und Verbände

Landesverband niedersächsischer Gartenbauvereine
Bückeburger Str. 11
31655 Stadthagen

Landesverband Hessen für Obstbau, Garten und Landschaftspflege
Finkenweg 19
35606 Solms

Landesverband der Gartenbauvereine Westfalen-Lippe
Postfach 1444
48565 Steinfurt

Verband rheinischer Gartenbauvereine
Gartenstr. 11
50765 Köln

Landesverband der Gartenbauvereine Saar/Pfalz
Kaiserstr. 77
66133 Saarbrücken-Scheidt

Baden-Württembergischer Landesverband für Obstbau, Garten und Landschaft
Klopstockstr. 6
70193 Stuttgart

Deutsche Gartenbau-Gesellschaft
Webersteig 3
78462 Konstanz

Bayer. Landesverband für Gartenbau und Landespflege
Herzog-Heinrich-Str. 21
80336 München

Naturgemäßer Gartenbau

GÄA-Geschäftsstelle
Am Beutlerpark 2
01217 Dresden

Permakultur-Institut
Heide Garot
Witzfeldstr. 21
40667 Meerbusch

Forschungsring für biologisch-dynamische Wirtschaftsweise
Brandschneise 2
64295 Darmstadt

Naturgarten e.V.
Görresstr. 33
80798 München

Informationsstellen

Gartenakademie – Fachschule für Gartenbau
Soebrigener Str. 3 a
01326 Dresden-Pillnitz

Lennée Akademie für Gartenbau und -kultur
Heinrich-Mann-Allee 103
14473 Potsdam

Bildungsstätte des deutschen Gartenbaues
Gießener Str. 47
35305 Grünberg

Beratungszentrum Garten und Pflanze
Gartenstr. 11
50765 Köln-Auweiler
Tel. 0221/534 020-0

Hessische Gartenakademie
Am Kloster Klarenthal 7 a
65195 Wiesbaden
Tel. 0611/946 81-0

Saarländische Gartenakademie
Lessingstr. 12
66121 Saarbrücken
Tel. 0681/665 05-0

Informationsstelle der Versuchsanstalt für Gartenbau an der FH Weihenstephan
Am Staudengarten 9
85354 Freising
Tel. 081 61/714-541

Bayer. Gartenakademie
An der Steige 15
97209 Veitshöchheim
Tel. 018 04/980 114

Amtliche Pflanzenschutzberatung

Baden-Württemberg

Landesanstalt für Pflanzenschutz
Reinsburgstr. 107
70197 Stuttgart
Tel. 0711/664 244 0
Mail: poststelle@lfp.bwl.de
Fernsprech-Ansagedienst
0711/624 306

Bayern

Bayrische Gartenakademie
An der Steige 15 / Postfach 1140
97205 Veitshöchheim
Gartentelefon: 0800/980 114 7
Mail: poststelle@lwg.bayern.de

Berlin

Pflanzenschutzamt Berlin
Mohriner Allee 137
12347 Berlin
Tel. 030/700 006-0
Fernsprechansage Pflanzenschutzwarndienst: 011 54

Brandenburg

Landesamt für Ernährung, Landwirtschaft und Flurneuordnung, Dezernat Pflanzenschutz
Ringstr. 1010
15236 Frankfurt (O)/Markendorf
Tel. 0335/52 17-622

Bremen

Senator für Umweltschutz und Stadtentwicklung, Pflanzenschutzdienst
Große Weidestr. 4–16
(Postanschrift: Hanseatenhof 5)
28195 Bremen
Tel. 0421/361-257 5

Hamburg

Institut für Angewandte Botanik
Marseiller Str. 7
20355 Hamburg
Tel. 040/428 38-0

Hessen

Hess. Gartenakademie
Am Kloster Klarenthal 7 a
65197 Wiesbaden
Tel. 0611/946 811 7

Mecklenburg-Vorpommern

Landespflanzenschutzamt
Graf-Lippe-Str. 1
18059 Rostock
Tel. 0381/491 23-31 und -33

Niedersachsen

Lehr- und Versuchsanstalt für Gartenbau
Heisterbergallee 12
30453 Hannover
Tel. 0511/400 05-152
Mail: lvg.ahlem@lawikhan.de

Nordrhein-Westfalen

Pflanzenschutzamt der Landwirtschaftskammer Rheinland
Siebengebirgstr. 200
53229 Bonn
Tel. 0228/43 42-150 und -152

Rheinland-Pfalz

Landesanstalt für Pflanzenschutz und Pflanzenbau
Essenheimer Str. 144
55128 Mainz-Bretzenheim
Gartentelefon 061 31/99 30-84
www.pflanzenschutzdienst.de

Saarland

Pflanzenschutzamt Saarbrücken
Lessingstr. 12
66121 Saarbrücken
Tel. 0681/665 05-38

Sachsen

Sächsische Landesanstalt für Landwirtschaft
Fachbereich Integrierter Pflanzenschutz
Alttrachau 7
01139 Dresden
Tel. 0351/853 040

Sachsen-Anhalt

Landespflanzenschutzamt
Lerchenwuhne 125
39128 Magdeburg
Tel. 0391/25 69-450 bis 453

Schleswig-Holstein

Pflanzenschutzamt
Westring 383
24118 Kiel
Tel. 0431/880-13 02

Thüringen

Thüringer Landesanstalt für Landwirtschaft,
Sachgebiet Pflanzenschutz
Mittelhäuser Straße
99189 Erfurt-Kühnhausen
Tel. 036 201/817-0

Bodenuntersuchungsinstitute

Staatliche Bodenuntersuchungsanstalten

LUFA des Landes Sachsen-Anhalt
Schiepziger Str. 29
06120 Halle/Lettin

LUFA Thüringen
Naumburger Str. 98
07743 Jena

LUFA Rostock
Graf-Lippe-Str. 1
18059 Rostock

Institut für Angewandte Botanik
Abt. KVT
Marseiller Str. 7
20355 Hamburg

Hessische Landwirtschaftliche Versuchsanstalt
Am Versuchsfeld 13
34128 Kassel/Harleshausen

LUFA Westfalen-Lippe
Nevinghoff 40
48147 Münster

LUFA Bonn/Landwirtschaftskammer
Siebengebirgsstr. 200
53229 Bonn

LUFA Speyer
Bezirksverband Pfalz
Obere Langgasse 40
67346 Speyer

LUFA = Landwirtschaftliche Untersuchungs- und Forschungsanstalt

Landesanstalt für landwirtschaftliche Chemie – Bodenabteilung –
Emil-Wolff-Str. 14
70599 Stuttgart

Bayerische Hauptversuchsanstalt
Abt. Bodenuntersuchung
Alte Akademie 10
85350 Freising-Weihenstephan

Österreich

Höhere Bundeslehr- und Versuchsanstalt für Gartenbau
Grünbergstr. 24
A-1131 Wien/Schönbrunn

Tiroler Landwirtschaftliche Untersuchungs- und Versuchsanstalt
– LUVA –
A-6200 Rotholz 46

Schweiz

E. Schweizer
Samen A.G.
Maienstr. 8
CH-3602 Thun

Labor Roth A.G.
Rieterstr. 102
CH-8002 Zürich

Private Bodenuntersuchungsstellen

Bodenuntersuchungs-Institut Koldingen
Ehlbeek 2
30938 Burgwedel

Blieskasteler Umweltlabor
Mühlgasse 25
66440 Blieskastel

Institut Dr. Jäger
Ernst-Simon-Str. 2–4
72072 Tübingen

Boden- und Wasseranalytik
Gerhard F. Pieper
Abt-Hyller-Str. 4/1
88250 Weingarten

Labor für Umweltanalytik
Dr. Rietzler
Schnorrstr. 5 a
90471 Nürnberg

Nützlinge

Flora Nützlinge
Wulkower Weg (Gärtnerei)
15518 Hangelsberg
www.landwirtschaft.freepage.de

ÖRE Bio-Protect GmbH
Kieler Str. 41
24223 Raisdorf
www.nuetzlinge.com

W. Neudorff GmbH KG
Abt. Nutzorganismen
Postfach 12 09
31857 Emmerthal
www.neudorff.de

Sautter & Stepper GmbH
Rosenstr. 19
72119 Ammerbuch
www.nuetzlinge.de

Register

Halbfette Seitenzahlen verweisen auf Abbildungen.

Impressum

239 Fotos von
Ursel Borstell, Essen: 7, 11 Mitte, 30 u, 4/5, 45; **Otmar Dietz**, Sulzthal: 14 uli, 42 u, 47, 50, 68, 144 re beide; **John Foxx Images**, NL-Amsterdam: 30 o (Nature Animals I, Vol. 3, NA 1835); **Hans Horst Fröhlich**, Bad Wörishofen: 24, 25 o; **GartenBild Agentur**, Au/Hallertau: 14 ore, 15 oli; **Rudolf König**, Kiel: 9 ore, 59 re, 77 oli, 80 o, 83 ure, 85 u, 87 ore, 145 uli, 146 oli; **Hans E. Laux**, Biberach/Riß: 12 ore, 21, 23 u, 29 Mi, 40 Mi, 73 u, 76, 79 oli, 79 u, 80 u, 81 li, 81 Mi, 82, 9 uli, 100/101 (alle vier), 120 ore, 121, 130 ure, 131 ure, 135 ure, 146 ure; **LPA Sachsen-Anhalt**, Magdeburg: 58 Mi und re; **Dirk Mann**, Lawalde: 10, 17 oM, 19 ure, 28 o, 33 ure, 41 (beide), 44 (alle drei), 54 o, 55, 58 li, 79 re, 89 Mi, 92/93 (alle drei), 94/95 (alle vier), 96/97 (alle vier), 98/99 (alle vier), 102/103 (alle vier), 104/105 (alle vier), 106/107 (alle vier), 108/109 (alle drei), 11 oli, 110/111 (alle vier), 112/113 (alle vier), 114/115 (alle vier), 116/117 (alle vier), 118/119 (alle fünf), 120 oli, 122/123 (alle vier), 124/125 (alle drei), 126/127 (alle vier), 128/129 (alle vier), 130 oli, 131 oli, 132/133 (alle vier), 134 (beide), 135 o, 136/137 (alle fünf), 138 (beide); **Wolfgang Redeleit**, Bienenbüttel: 15 ure, 27 (beide), 59 Mi, 64 o, 70, 73 o, 74 uli, 75 oli, 142 uli, 145 ore; **Tierfoto-Reinhard**, Heiligkreuzsteinach-Eiterbach: Vorsatz/Nachsatz, 2/3, 6, 8 (beide), 11 ore, 12 uli, 13 ore, 13 uli, 16, 17 oli, 18 (beide), 19 ore, 20, 23 Mi, 25 u, 28 u, 29 u, 31 (beide), 32, 33 oli, 34/35 (alle vier), 36, 37, 39 (beide), 40 o, 42 o, 49 (beide), 51, 52 ore, 53 u, 54 M, 56, 59 li, 60, 62 (beide), 65, 71, 72 (beide), 75 ure, 77 u, 83 o, 83 uM, 87 Mi, 88, 89 re, 90, 91, 139, 140 (beide), 141, 142 ore, 143 (beide), 144 uli, 147, 148; **Ralf Roppelt**, Ludwigsburg: 64 u, 81 re, 84 (beide), 86; **Manfred Ruckszio**, Taunusstein: 67 (beide), 78, 83 uli, 85 o, 89 li; **Bildarchiv Sammer**, Neuenkirchen: 74 ore; **Xeniel-Dia**, Stuttgart: 52 oMi, 53 oli, 53 oMi.

21 Illustrationen von
Reinhild Hofmann, München: 21, 26; alle anderen von **Horst Lünser**, Berlin.

Umschlaggestaltung von eStudio Calamar, Spanien unter Verwendung eines Fotos von Friedrich Strauß, Au/Hallertau (unten) und eines Fotos von Tierfoto-Reinhard, Heiligkreuzsteinach-Eiterbach (oben).

Bereits seit Anfang der 90er Jahre sammelt der Gartenbau-Ingenieur Dirk Mann Gewürz- und Heilkräuter. In seiner Sammlung befinden sich mittlerweile über 500 verschiedene Kräuter, die er über seinen Pflanzenhandel *Plantasia.de* vertreibt und in zahlreichen Seminaren vorstellt.

Bibliografische Informationen Der Deutschen Nationalbibliothek

Die Deutsche Nationalbibliothek verzeichnet diese Publikation in der Deutschen Nationalbibliografie; detaillierte bibliografische Daten sind im Internet über http://dnb.ddb.de abrufbar.

Gedruckt auf chlorfrei gebleichtem Papier.

ISBN 978-3-440-10954-0
Redaktion und Bildredaktion: Carolin Krank
Grundlayout: eStudio Calamar
Produktion: Tatyana Momot
Printed in Germany / Imprimé en Allemagne

Postfach 10 60 11
D-70049 Stuttgart
TELEFON +49 (0)711-2191-0
FAX +49 (0)711-2191-422
WEB www.kosmos.de
E-MAIL info@kosmos.de

In diesem Buch werden Hinweise zur Naturheilkunde gegeben. Nur auf die beschriebenen Arten trifft die angegebene Verwendung zu, ihr Gebrauch setzt daher ihre sichere Kenntnis voraus. Heilpflanzentees sollten immer nur beschränkte Zeit und nicht länger als nötig eingenommen werden, auch Hausteemischungen sollte man öfter wechseln. Behandelt werden dürfen nur leichtere Gesundheitsstörungen, die keiner ärztlichen Behandlung bedürfen. Den Arztbesuch kann dieses Buch auf keinen Fall ersetzen. Auch dürfen verschiedene Kräuter, wie z.B. Rosmarin, nicht während der Schwangerschaft eingenommen werden.

Alle Angaben in diesem Buch sind sorgfältig geprüft und geben den neuesten Wissensstand bei der Veröffentlichung wieder.
Da sich das Wissen aber laufend und in rascher Folge weiterentwickelt und vergrößert, muss jeder Anwender prüfen, ob die Angaben nicht durch neuere Erkenntnisse überholt sind. Dazu muss er zum Beispiel Beipackzettel zu Dünge- oder Pflanzenschutzmitteln lesen und genau befolgen, sowie Gebrauchsanweisungen und Gesetze beachten.